河南省卫生健康委员会立项资助项目

古宗养生功

史栋梁　史桂荣　任博文——主编

河南科学技术出版社
·郑州·

图书在版编目（CIP）数据

古宋养生功 / 史栋梁，史桂荣，任博文主编．

郑州：河南科学技术出版社，2025. 3. -- ISBN 978-7-5725-1989-5

Ⅰ．G852.19；R212

中国国家版本馆 CIP 数据核字第 20255JP555 号

出版发行：河南科学技术出版社

地址：郑州市郑东新区祥盛街27号　　邮编：450016

电话：（0371）65788613　　65788628

网址：www. hnstp. cn

出 版 人：乔　辉

策划编辑：邓　为　王婷婷

责任编辑：王婷婷

责任校对：刘逸群　董静云

封面设计：李小健

责任印制：徐海东

印　　刷：河南新华印刷集团有限公司

经　　销：全国新华书店

开　　本：720 mm × 1 020 mm　1/16　　印张：12.25　　字数：132千字

版　　次：2025年3月第1版　　2025年3月第1次印刷

定　　价：55.00元

编委会

前言

北宋初，商丘置宋州，景德三年（1006年）宋州升为应天府，为宋朝陪都，世代居住于此的史氏家族在长期劳作、练功、行医的过程中逐渐形成了一套养生健身的功法，并传习于后人。

史家先人史家明是地方武术名家兼药铺郎中，常在家乡的杏树林中传授养生功法，教人强身健体，防病治病。每逢杏熟时节，就让老百姓吃杏，只留杏仁，不收银钱。杏仁有降肺气、止咳平喘、润肺养颜之功效，史家明又用百姓留下的杏仁为患者医治。由于史家明精通药理、熟知经络，所以在民间赢得了“杏林春满，药到病除”的美誉，在当地被传为佳话。他将武术之精粹和行医之经验传于其子史中兴。史中兴擅长中医正骨，治疗跌打损伤，创办了中兴堂，悬壶济世。

史中兴之子史有信自幼受家庭熏陶，对中医产生了浓厚的兴趣，从小开始学习中医，立志继承父业，济世救民，从此开始精勤不倦，成为一名真正的杏林中人。

史有信酷爱中医经典文献，他系统地学习了《黄帝内经》《神农本草经》《伤寒论》《金匮要略》等中医经典著作，以及《药性赋》《汤头歌诀》等医书，用于指导临床实践。此外，他又潜心学习了生理学、病理学、解剖学、药理学等西医课程。史有信既善用望、闻、问、切，又衷中参西，还有家传的经验方药，在治疗疾病时每见奇效，并在运动创伤的治疗方面具有独特的建树。一有机会，他就拜访专家学者，并结合自己的实践，博采众长，融合提炼，逐渐形成了自己的医术特色——中医综合疗法，用气功、针灸、按摩、中药和手法正骨来治疗骨伤及慢性功能性疾病。

史有信在前人的基础上，以古宋养生文化为根基，结合自己对中医理论的理解、实践经验及习武心得，创建了古宋养生功。古宋养生功又称为“壮阳益寿功”，具有补肾壮阳、强身健体、延缓衰老、防病治病、益寿延年的功效，适合大众练习。

“阴阳者，天地之道也”，治病之道在于调和阴阳，这是中医治病求本的大法。养生之道同样要以调补阴阳为本，方能强身健体，防病治病。

史有信非常重视“治未病”的思想，注重大健康理念，把养生保健放在第一位，认为强健体魄、提高免疫力才是“治未病”思想的根本实质，因此积极在群众中推广有家传基础的古宋养生功，深受人们的喜爱。

古宋养生功分为静功按摩十八式和动功拳法四十六式，把古代朴素的养生方法同祖国医学理论紧密结合起来，具有动静结合、通俗易练、效果明显的特点，是一套值得推广的健身方法。

史精梁

2025 年 1 月

目录

上　篇

下　篇

上篇

第一章　静功按摩十八式

第一式：交换重心

【操作方法】

松颈站立，右手握左手，拇指贴脐下关元穴，两脚重心交替倒换，向左、向右各转动 4 次，上下一体、轻松自如，交换重心以脊柱为轴，做往返运动。具体操作过程见图 1-1。

【操作效果】

通过锻炼该式，能够松髋、松腰，运动全身，进而达到补肾壮腰、健脑益智的效果。

1　　2　　3

4　　5　　6

图 1–1　交换重心

【注意事项】

（1）身体自然站立，颈部肌肉放松，呼吸均匀。

（2）重心交替转换，身体转动频率不宜过快，幅度不宜过小。

（3）动作具有全身一体性，上下身体协调同步自然转动。

【临床应用】

“交换重心”式能够很好地放松脊背、腰髋部肌肉，可缓解长期弯腰及久坐导致的腰背酸痛、疲劳等不适。临床常应用于腰椎间盘突出症、强直性脊柱炎、腰肌劳损等疾病的防治。

第二式：双膝开合

【操作方法】

屈体屈膝，双手对应放双膝，双膝先用力由内向外开，再从外向内收，动作反复做 4 次。具体操作过程见图 1-2。

【操作效果】

通过锻炼该式，既能疏通膝部经络，又能强健膝关节及其周围筋骨，从而使膝部得到保护。

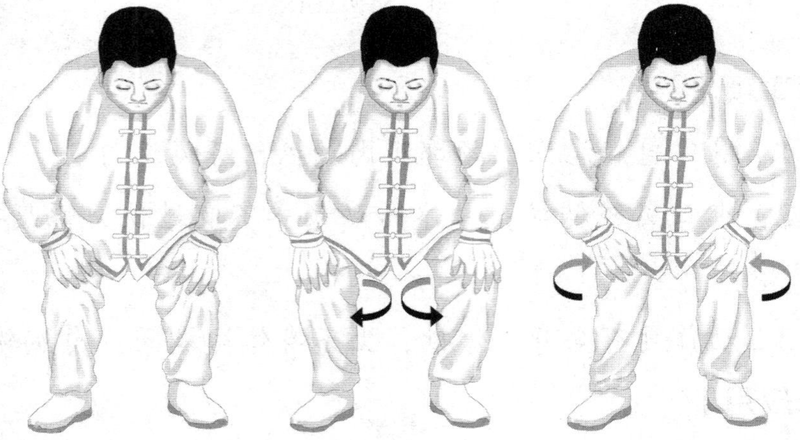

1　　2　　3

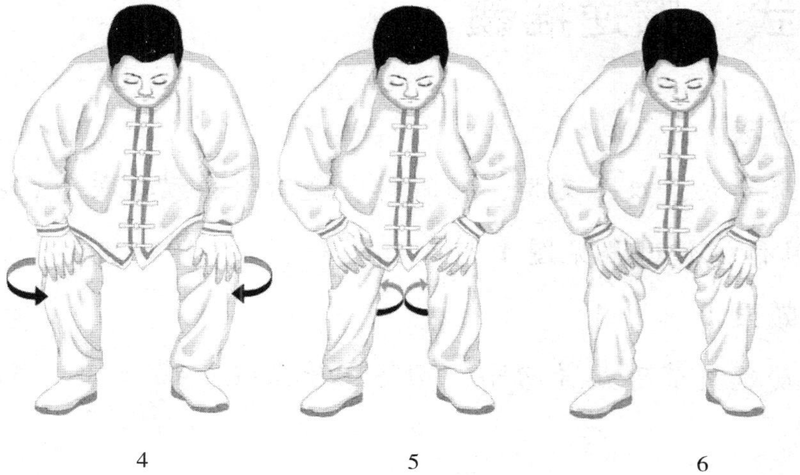

图 1–2　双膝开合

【注意事项】

（1）双膝开合要求双足打开，与肩同宽，过宽则不能达到双膝开合幅度，过窄则容易导致重心不稳，身体倾倒。

（2）双膝运动要求先从内向外，再由外向内有序协调进行，反之，动作易拖沓、僵硬，不能达到锻炼目的。

（3）双膝开合锻炼时，身体重心切忌过低或过高，以双膝屈曲 100° ～ 120° 为宜。

【临床应用】

“双膝开合”式能够充分预防关节僵硬，对膝关节的退行性病变起到很好的延缓或缓解作用，对膝关节起到积极的保护作用。该式常应用于膝关节骨质增生、膝关节退行性病变等。

第三式：顺逆摇髋

【操作方法】

松颈站立，双手叉腰，顺时针、逆时针摇动髋关节，各往返4次。具体操作过程见图1–3。

【操作效果】

摇动髋关节可益肾回阳，预防泌尿系统疾病。

1　　2　　3

4　　5　　6

图 1–3　顺逆摇髋

【注意事项】

（1）要求双足打开，与肩同宽，锻炼时呼吸均匀、规律。

（2）摇髋幅度适中，不宜过大或过小，频率不宜过快，要求动作流畅、自然到位。

【临床应用】

“顺逆摇髋”式能够充分锻炼腰、髋部肌肉，增强肌力，增大腰、髋部活动度，对髋关节的退行性病变起到很好的延缓或缓解作用，对髋关节起到积极的保护作用。该式常应用于腰、髋部僵硬沉重等症状，并可用于泌尿系统疾病的预防。

第四式：前后摇肩

【操作方法】

自然站立，两手下垂，双肩关节用力，由前向后，再由后向前，各摇肩 4 次；然后，两肩交替由前向后，再由后向前，各摇肩 4 次；最后耸肩 4 次。具体操作过程见图 1–4。

【操作效果】

前后摇肩重在舒筋骨、利关节，防治肩部疾病。

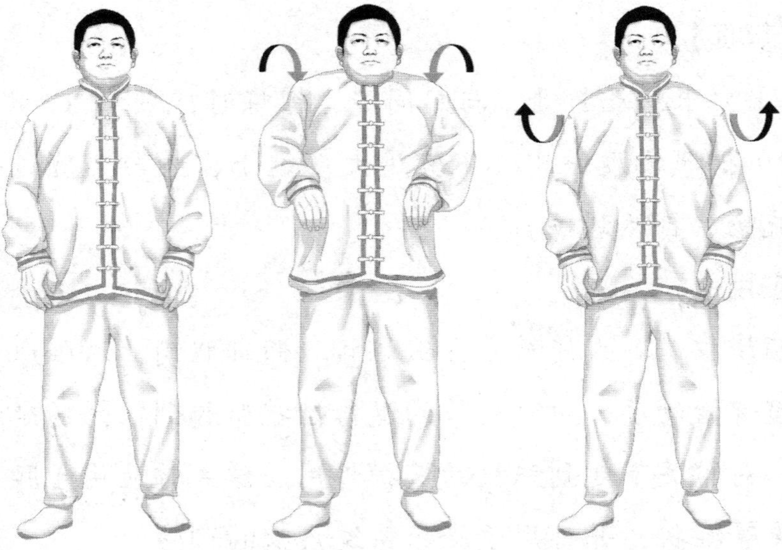

1　　2　　3

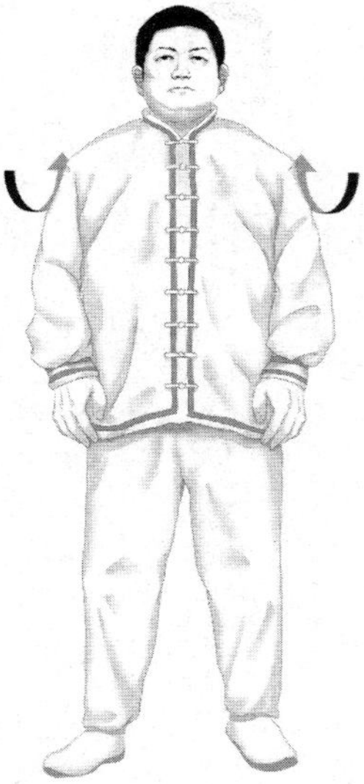

4

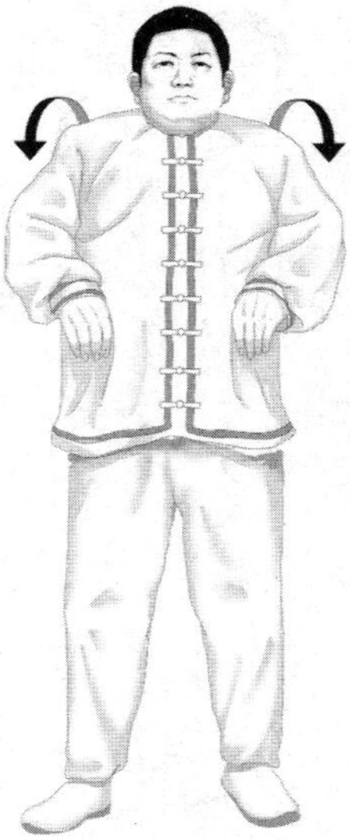

5

6

7

8

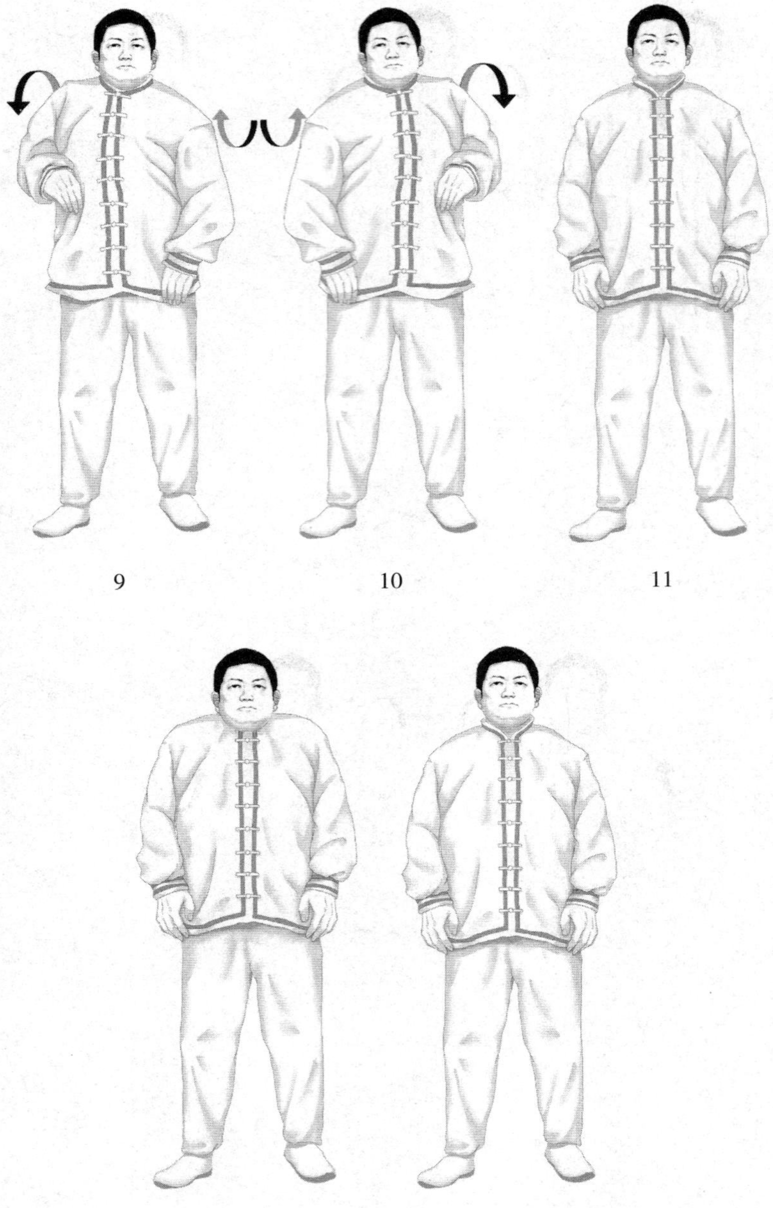

图 1–4　前后摇肩

【注意事项】

（1）要求双足打开，与肩同宽，锻炼时呼吸均匀、规律。

（2）锻炼时注意双肩对称、协调运动。

（3）向前、向后摇肩时以肩部运动带动上肢运动，动作不宜过快，防止加速肌肉劳累。

【临床应用】

“前后摇肩”式能够充分疏松筋骨、滑利关节，常应用于肩周炎、颈椎病等，缓解颈肩部僵硬、酸痛等症状。

第五式：抓地提肛

【操作方法】

自然站立，吸气，同时脚趾下勾抓地，脚跟抬起，收肛，耸肩，呼气，全身放松，来回 4 次。具体操作过程见图 1–5。

【操作效果】

“抓地提肛”式能升举中气、培补元气，改善脱肛、便秘等症状。

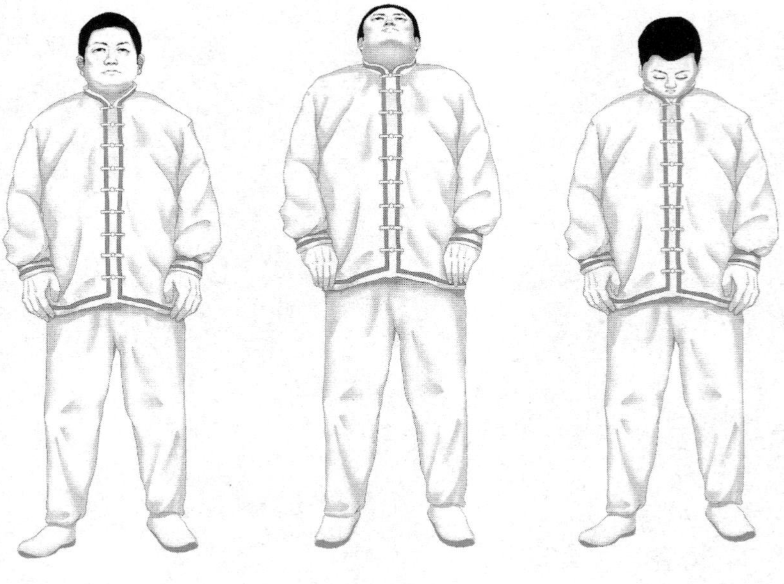

图 1–5　抓地提肛

【注意事项】

（1）锻炼时要求尽可能最大限度地呼吸。

（2）脚趾抓地、抬脚应随呼吸运动由上到下、由内到外有序进行。

【临床应用】

“抓地提肛”式能够充分锻炼肛门括约肌，使其肌力增强，临床上能对脱肛、便秘等症状起到较好的防治作用。

第六式：左右摇颈

【操作方法】

松颈站立，双手叉腰，先顺时针再逆时针交替摇动颈项各 4 次。具体操作过程见图 1–6。

【操作效果】

“左右摇颈”式主要疏通颈项部气血，可防治颈椎相关疾病。

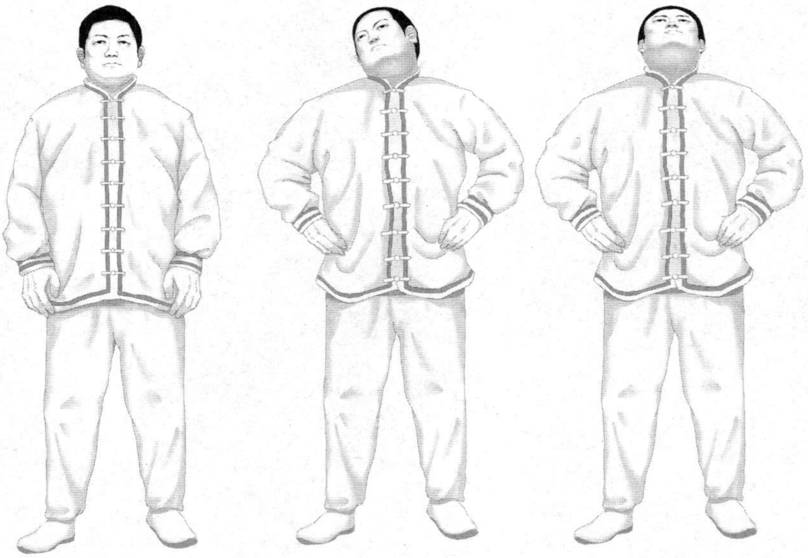

1　　2　　3

4　　5　　6

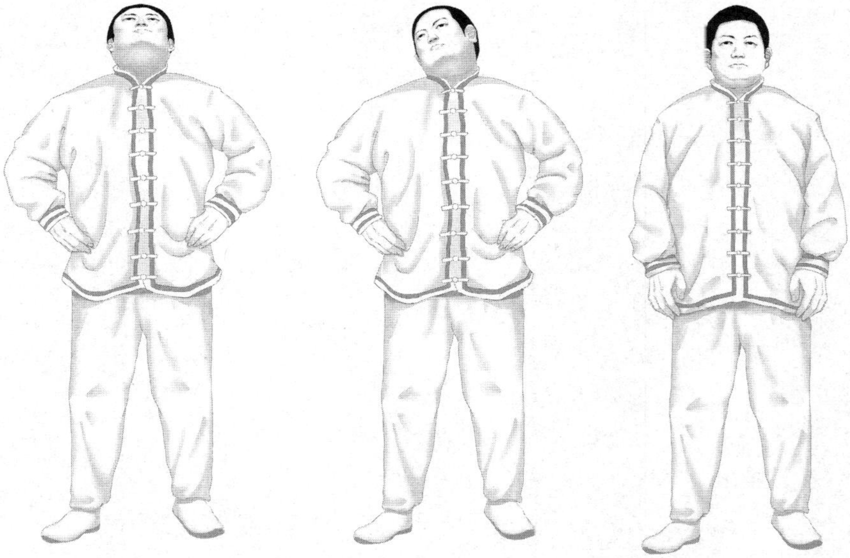

7　　8　　9

图 1–6　左右摇颈

【注意事项】

（1）要求身体放松，呼吸均匀。

（2）左右摇颈动作不宜过快，力求达到颈项最大活动度。

【临床应用】

“左右摇颈”式能充分锻炼颈项部肌肉，强筋健骨，对颈椎病的防治起到较好的作用。

第七式：扭颈望空

【操作方法】

自然站立，双手叉腰，从左到右扭动颈项，向右上方天空远望，再由右向左扭颈，向左上方仰望天空，各4次。具体操作过程见图1–7。

【操作效果】

“扭颈望空”式能促进手三阳和足三阳经的气血运行，消除眼部疲劳，防治眼部疾病。

1　　2　　3

4　　5

图 1–7　扭颈望空

【注意事项】

（1）要求全身放松、呼吸均匀，锻炼次数要达到要求。

（2）锻炼时眼随头动，目随颅转，达到右上、左上极点时保持 3 秒为宜。

【临床应用】

“扭颈望空”式能够促进头面血液循环，对眼部疲劳等疾患有较好的预防作用。

第八式：鸳鸯观天

【操作方法】

双手叉腰，低头，双目从下向右上方望去（观天），由近到远，再向左上方望去（观天），左右交替各4次。具体操作过程见图1-8。

【操作效果】

“鸳鸯观天”式能明目退翳，可增强视力，防治老年性视力减退。

1　　2　　3

4　　5　　6

图 1–8　鸳鸯观天

【注意事项】

（1）锻炼时要求双目从下向右上方望去（观天），再向左上方望去（观天），此式可锻炼眼球运动，促进眼底血液循环。

（2）锻炼宜由近至远，协调有序。

【临床应用】

“鸳鸯观天”式可促进眼底血液循环，增强视力，临床常应用于老年性视力减退等疾患的防治。

第九式：极目远眺

【操作方法】

自然站立，双目尽力看远方，双手叉腰，收眼，放松看鼻梁，重复双目远眺、收眼，反复 4 次。具体操作过程见图 1–9。

【操作效果】

“极目远眺”式可活血通络，促进眼部气血流通，防治视力减退。

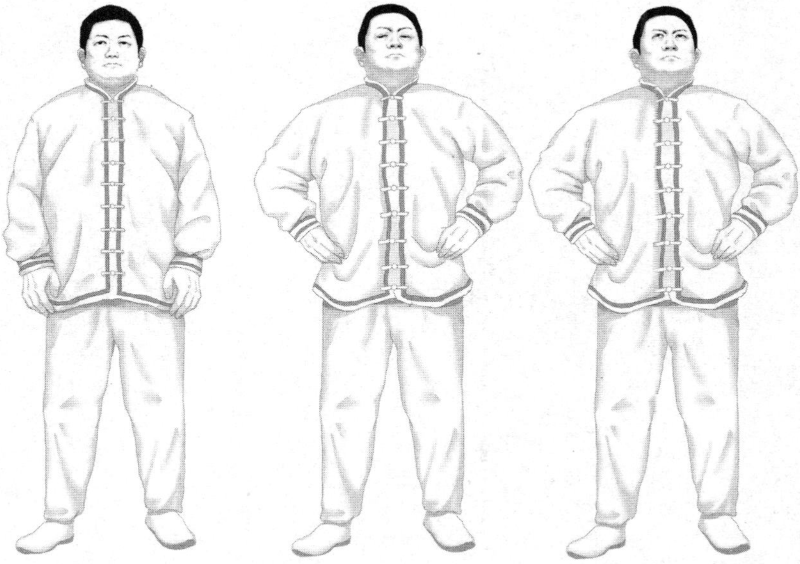

1　2　3

图 1–9　极目远眺

【注意事项】

双眼应极目远观，坚持3秒，后看鼻梁，如此反复进行。

【临床应用】

该式主要用于预防长期看书读报、目视手机或电脑等导致的视力减退。

第十式：张口瞪眼

【操作方法】

自然站立，双手叉腰，用力张口瞪眼，反复8次。具体操作过程见图1–10。

【操作效果】

“张口瞪眼”式能促进面部血液循环，有通经脉、利关节、延缓衰老的作用。

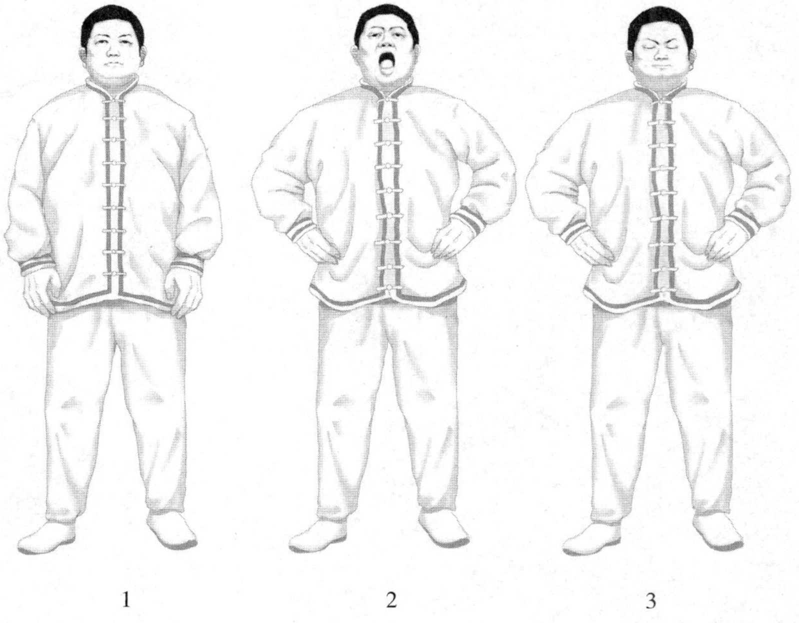

图1–10　张口瞪眼

【注意事项】

锻炼次数不宜低于8次，锻炼时力求动作最大化，以充分调动面部肌肉运动。

【临床应用】

“张口瞪眼”式能够使面部皮肤紧致，起到延缓衰老的作用。

第十一式：双手浴面

【操作方法】

自然站立，双手中指按压百会穴，然后由上到下浴面，反复8次。具体操作过程见图1-11。

【操作效果】

“双手浴面”式可祛邪气，减少面部皱纹，使头脑清爽。

1　　2　　3

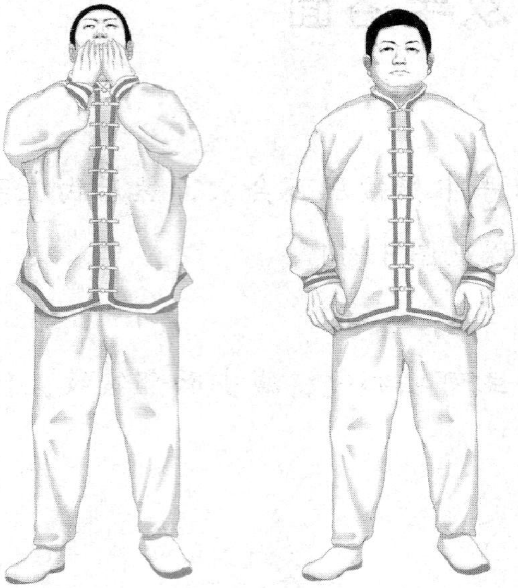

4　　　　5

图 1–11　双手浴面

【注意事项】

（1）双手浴面要求来回皆需用力。

（2）往返操作的距离尽可能拉长，以增加产热量。

【临床应用】

临床上常用于休息欠佳导致的疲乏、头脑昏蒙等症状。

第十二式：左右叩齿

【操作方法】

自然站立，双手叉腰，正面叩齿 4 次，左面叩齿 4 次，再右面叩齿 4 次。具体操作过程见图 1–12。

【操作效果】

“左右叩齿”式可补肾固齿，防治牙周疾病。

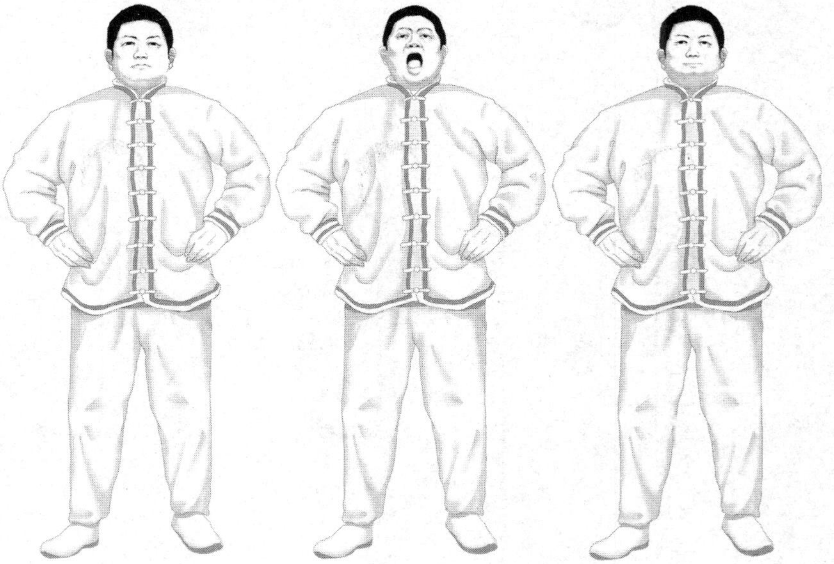

1　　2　　3

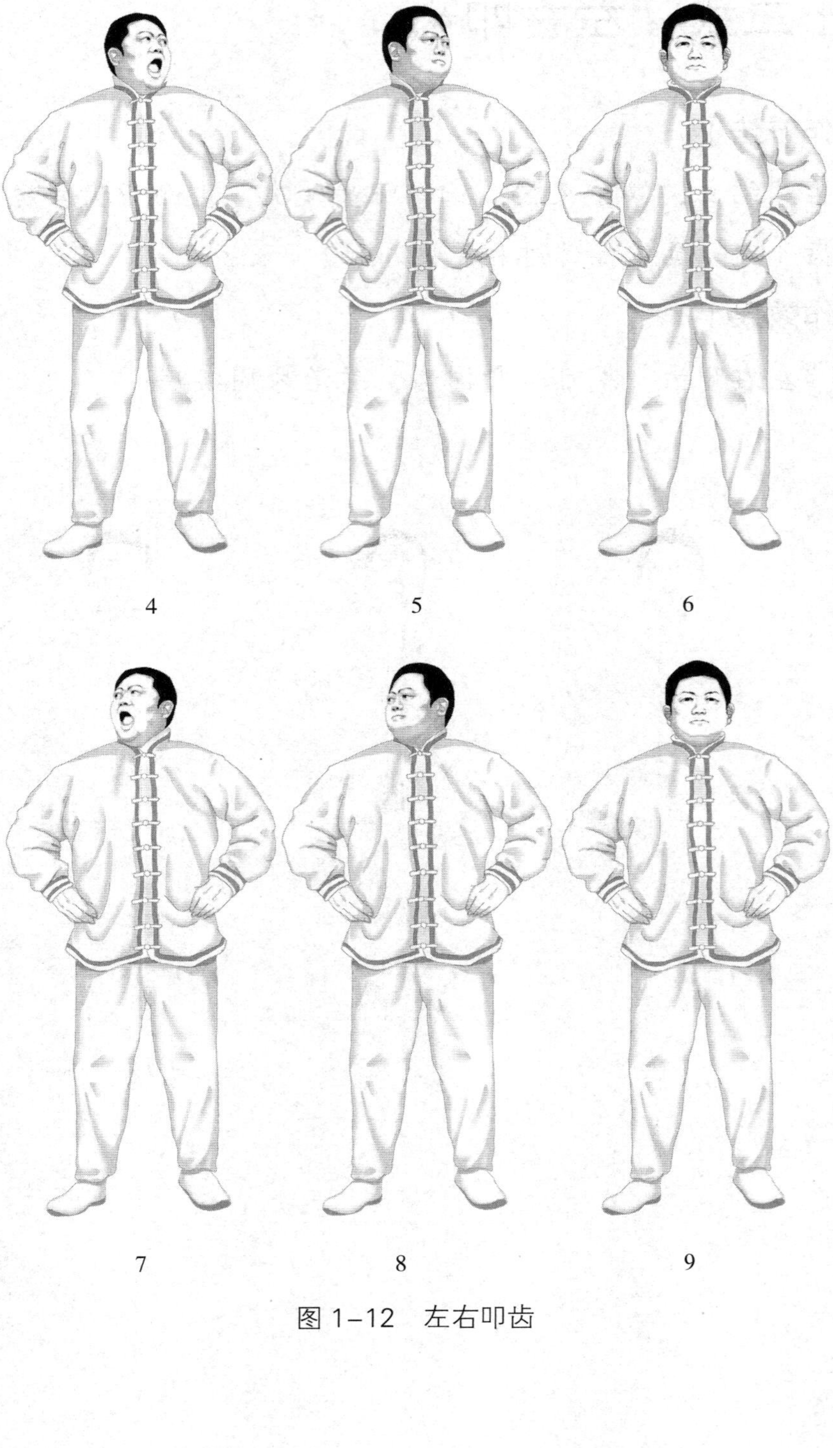

图 1–12　左右叩齿

【注意事项】

锻炼不宜幅度太大，力度亦应适当，禁止用力过大。

【临床应用】

“左右叩齿”式常用于预防牙齿松动、牙龈不固等。

第十三式：擦揉双目

【操作方法】

用双手拇指关节揉目内眦的睛明穴，反复 4 次；再用大拇指揉太阳穴，用示指揉阳白、四白穴，用中指揉臂臑穴，各反复 4 次。具体操作过程见图 1-13。

【操作效果】

“擦揉双目”式可活络明目，解除眼肌疲劳，有延缓衰老的功效。

1　　　　2　　　　3

4　　5　　6

图 1–13　擦揉双目

【注意事项】

选穴应准确，渗透力要强，作用时间应持久。

【临床应用】

该式可预防长期看书读报、目视手机或电脑等产生的视疲劳。

第十四式：拉耳鸣鼓

【操作方法】

自然站立，用双手交替上拉耳尖，下拉耳垂，反复8次，再用双手捂耳，用示指敲打枕骨8次。具体操作过程见图1-14。

1　　　　2　　　　3

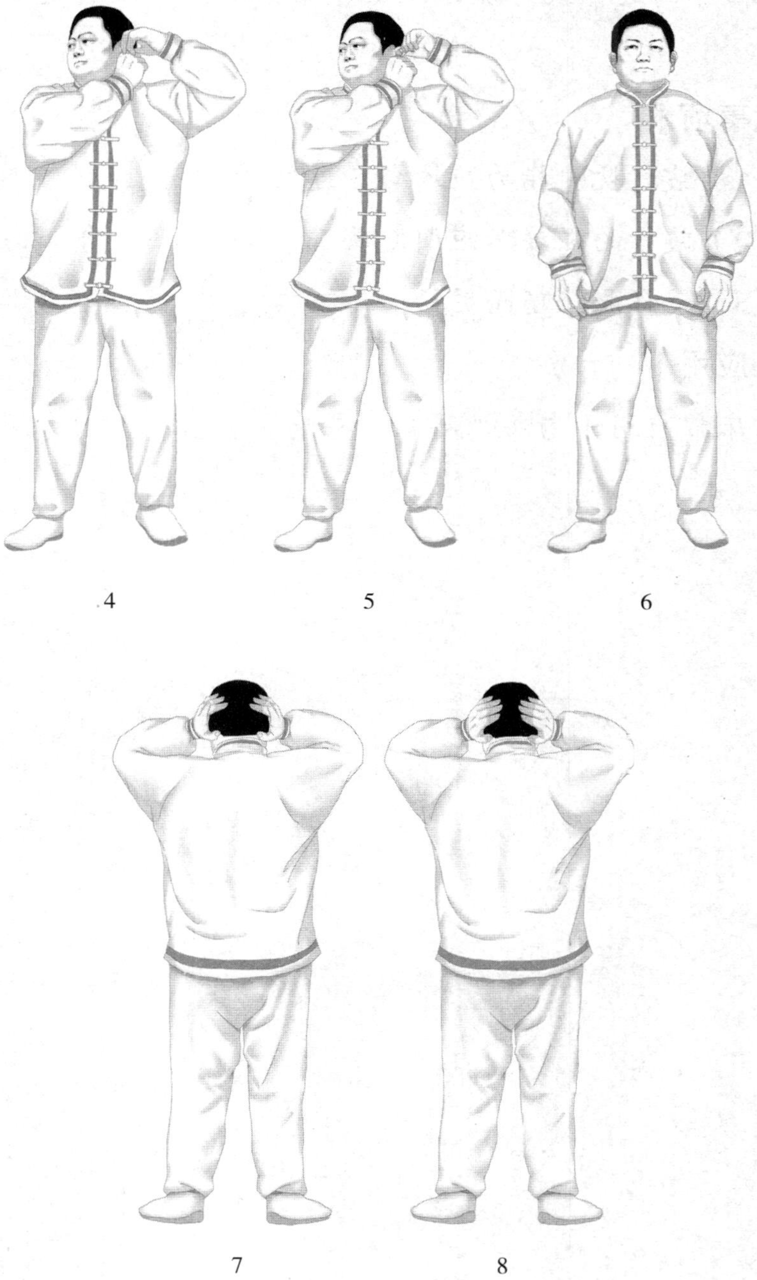

图 1–14　拉耳鸣鼓

【操作效果】

“拉耳鸣鼓”式可疏通经络、增强听力，改善老年性耳聋、耳鸣。

【注意事项】

（1）敲打枕骨指力应均匀、连续。

（2）敲打的强度不应引起头痛。

（3）动作要轻巧而灵活。

【临床应用】

临床常应用于老年性耳聋、耳鸣。

第十五式：前后拍打

【操作方法】

自然站立，先用一手击打关元穴，另一手击打命门穴；再用一手击打胸部，另一手击打背部。左右交替，反复 4 次。具体操作过程见图 1-15。

【操作效果】

“前后拍打”式可调理脾胃，改善食欲减退、全身乏力等病症。

1　　2　　3

4　　5　　6

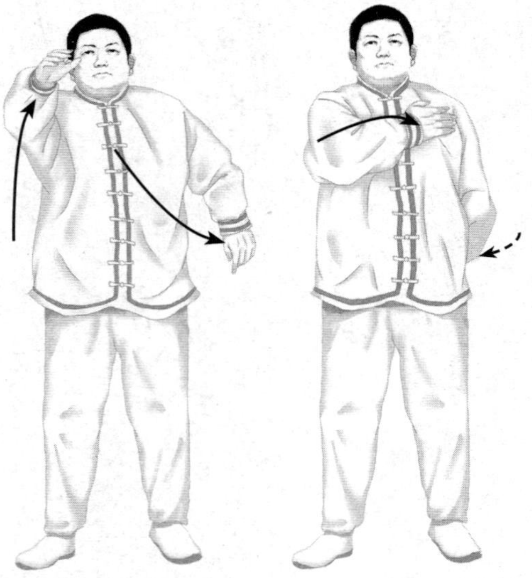

7　　8

图 1–15　前后拍打

【注意事项】

（1）拍打时认穴应准确。

（2）拍打力度适宜，不应引起疼痛感。

（3）动作应顺畅协调。

【临床应用】

临床常应用于食欲减退、厌食、消化不良等疾患。

第十六式：托肘打肩

【操作方法】

自然站立，用手托肘，击打对侧肩部，交替拍打 8 次。具体操作过程见图 1–16。

【操作效果】

“托肘打肩”式可通经活络、祛瘀止痛，主要防治肩部疾病。

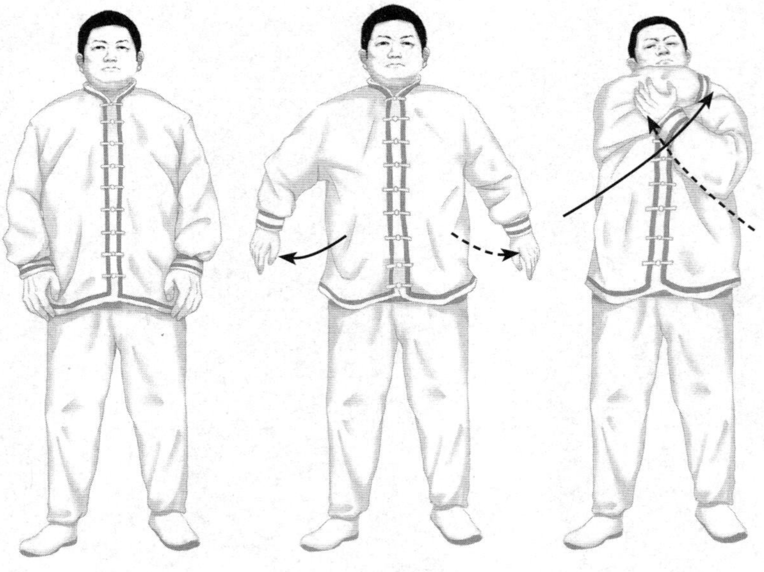

1　　2　　3

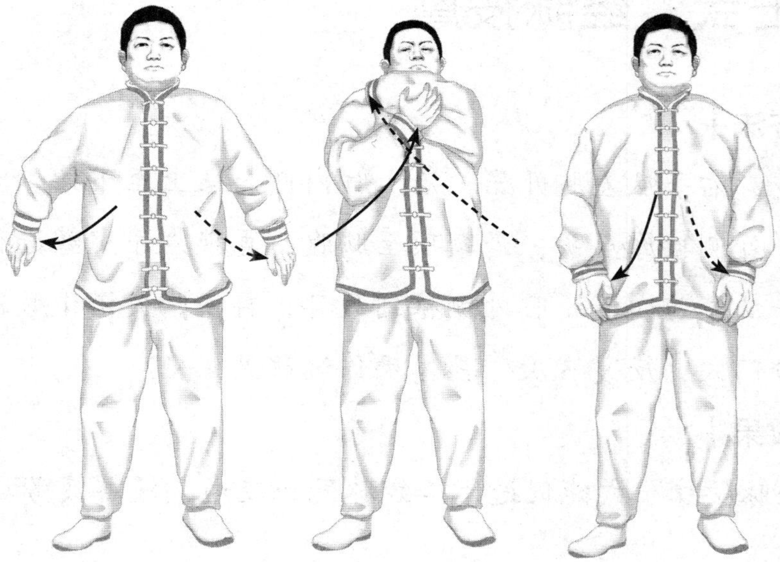

4　　5　　6

图 1–16　托肘打肩

【注意事项】

拍打力度适宜，不应引起疼痛感。

【临床应用】

常应用于长期劳累致肩部酸痛、困乏等不适状况。

第十七式：经脉按摩

【操作方法】

首先，右手从左胸开始，沿上肢内侧，从上至下按摩至手；接着从手外侧按摩至头，沿颈项至胸腹，再换左手交替进行。然后，双手从命门穴沿下肢外侧推到足部，再由脚尖沿下肢前面向上拉回命门穴，反复 3 次。具体操作过程见 1–17。

【操作效果】

“经脉按摩”式能促进十二经脉气血流通，缓解疲劳。

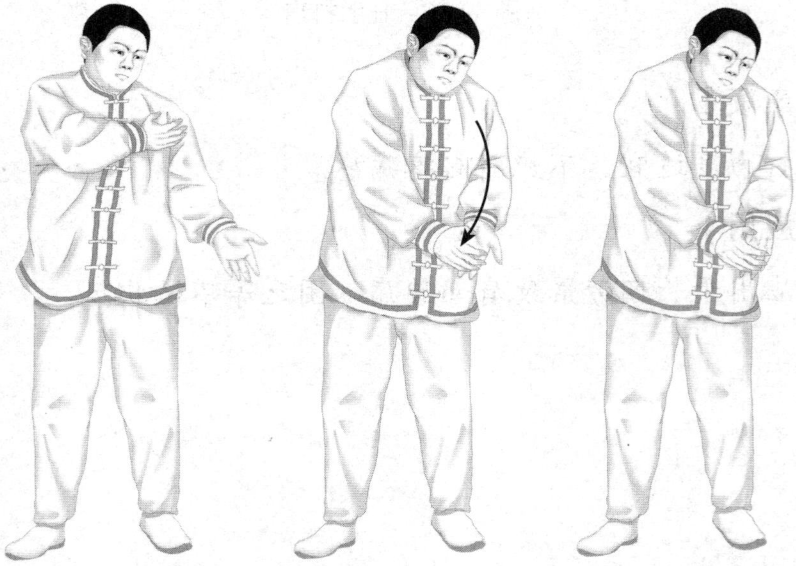

1　　2　　3

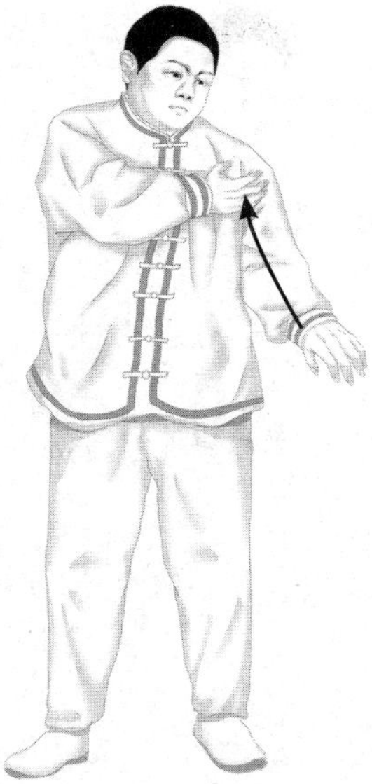

4

5

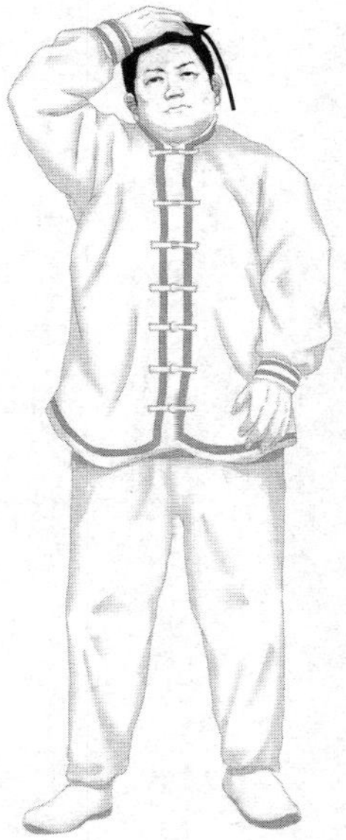

6

7

8

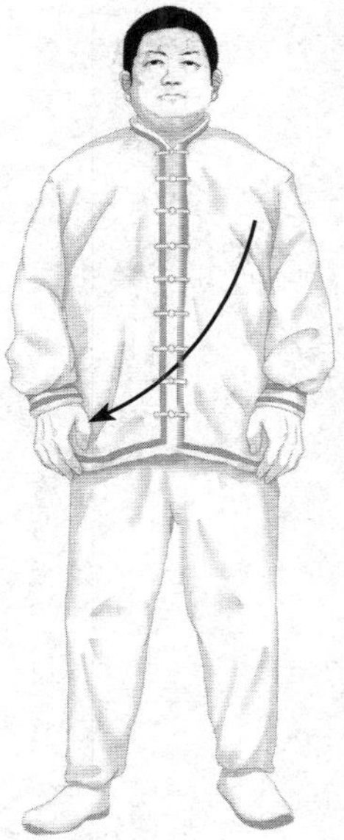

9

10

11

12

13

14

15

16

17

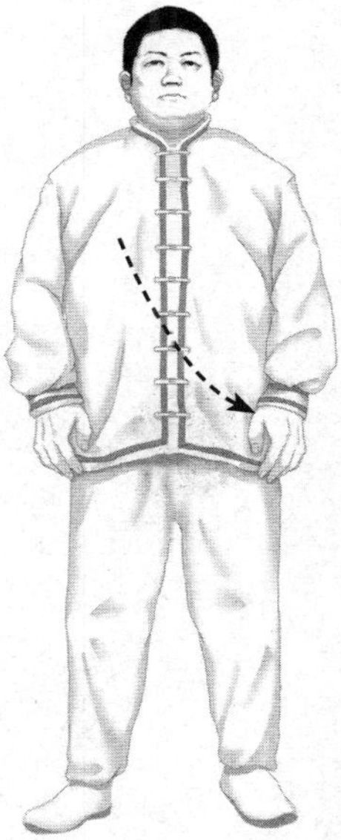

18

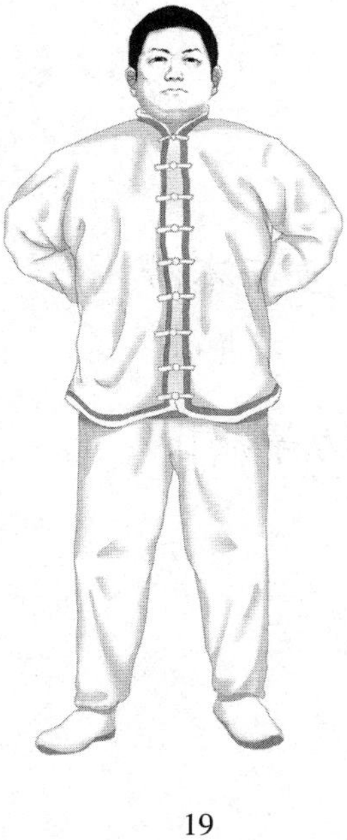

19

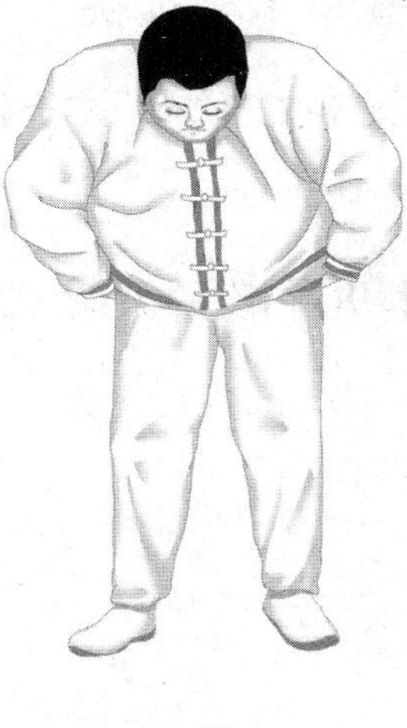

20

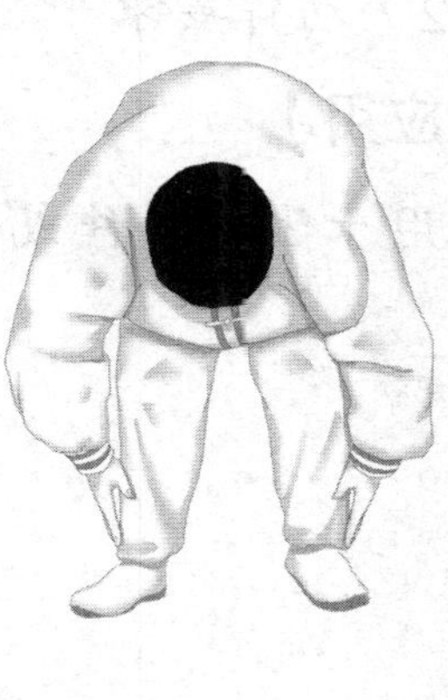

21

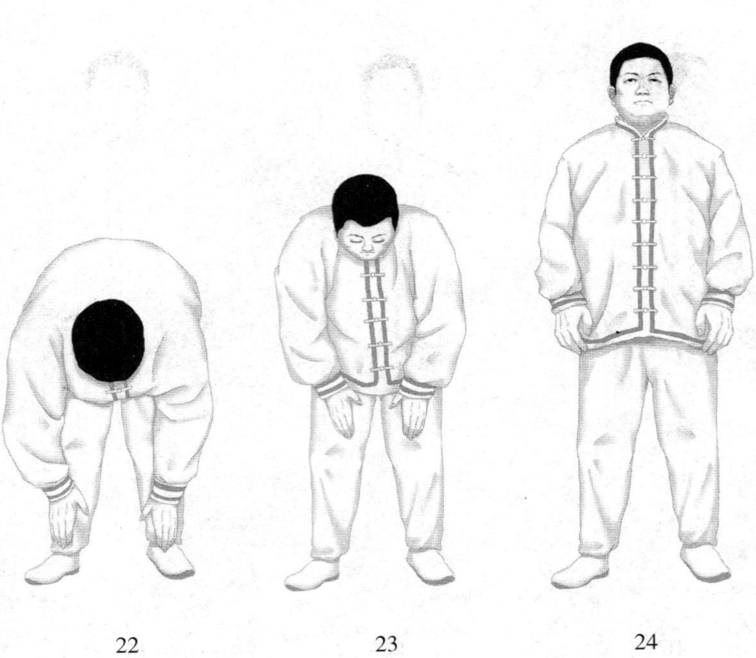

图 1–17　经脉按摩

【注意事项】

（1）动作宜平稳，频率不要过快。

（2）动作要求平稳缓和，轻而不浮，重而不滞。

【临床应用】

常用于休息欠佳或体虚导致的疲乏无力等症状。

第十八式：脏腑按摩

【操作方法】

首先，左手压右手，将右手手心贴于脐部，以顺时针按揉 4 次，接着向上在上腹部以顺时针按揉，再向下在下腹部以逆时针按揉，如画“8”字，反复 4 次。然后，在两胁部画圆，反复 4 次。具体操作过程见图 1–18。

【操作效果】

“脏腑按摩”式可调理脏腑功能、健脾和胃、疏肝理气。

1　　2　　3

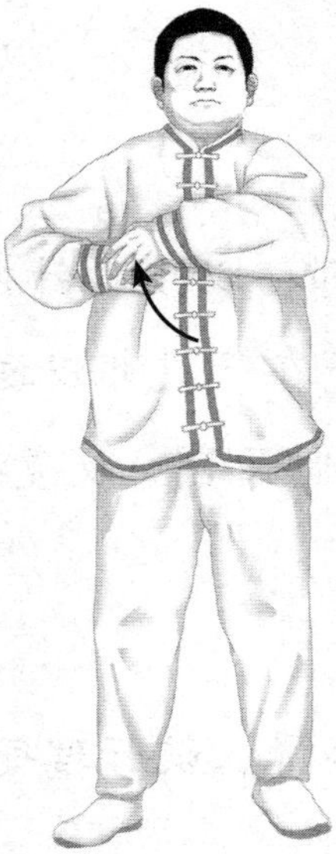

4

5

6

7

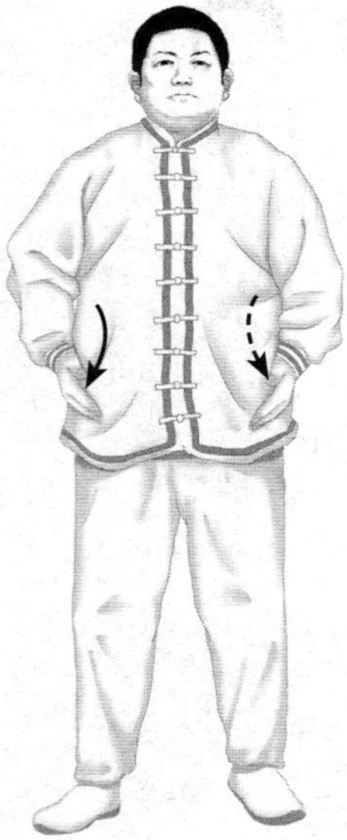

8

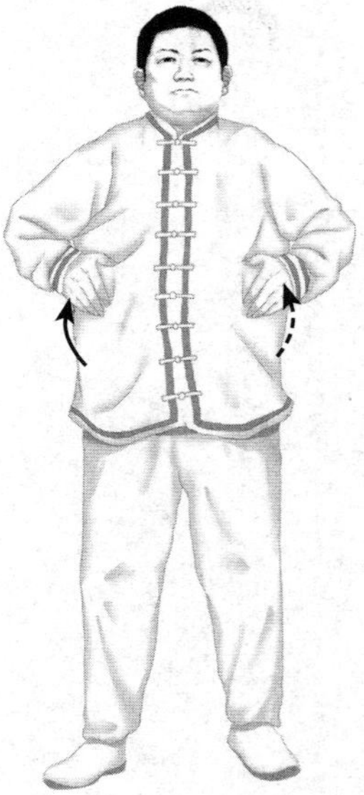

9

10　　11

图 1–18　脏腑按摩

【注意事项】

（1）动作宜平稳，频率不要过快。

（2）动作要求平稳缓和，轻而不浮，重而不滞。

（3）宜顺时针操作在前，逆时针操作在后。

【临床应用】

常用于胃部及腹部胀气、疼痛等消化不良症状。

第二章　动功拳法四十六式

预备式：静养调息

松颈自然站立，双手放于身体两侧，目视前方，全身放松，外“八”字步，舌抵上腭，沉肩坠肘，鼻息口呼，静养调息时要心无杂念，意守丹田，呼吸深长、细匀。如图 2–1 所示。

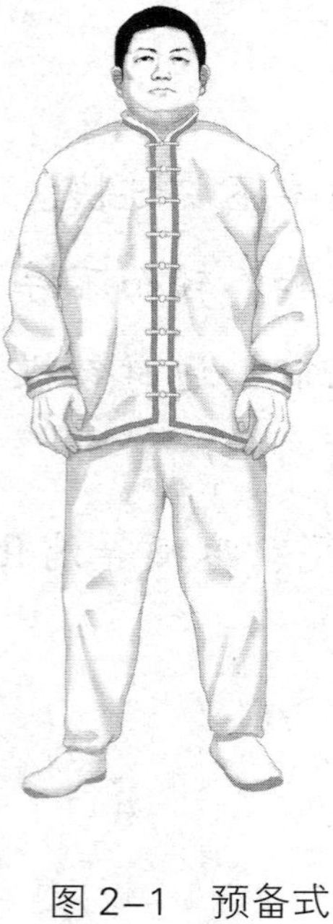

图 2–1　预备式

第一式：双掌合十

【操作方法】

起式，左拳右掌，以掌盖拳，位于颈下；次式，双手变掌，顺势下落至腰间，下落的同时行吸气，再至身体两侧，掌心向后，行吐息；再起双掌，一吸行掌背相对至胸前，一呼行转为掌心合十至鼻尖。具体操作过程见图 2–2。

【操作效果】

该式主要活动肩、肘、腕及扩胸，可宁心安神，宽胸理肺，吐故纳新。

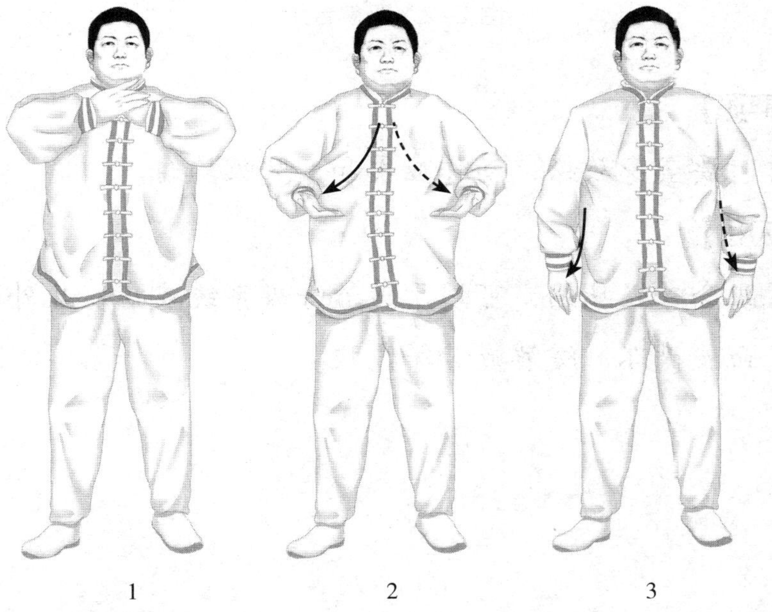

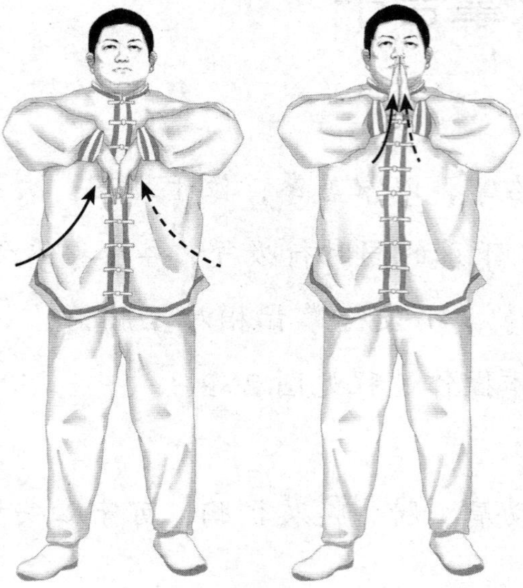

4　　　　5

图 2–2　双掌合十

【注意事项】

操作时要全身放松，动作应柔和，呼吸均匀。

【临床应用】

该式配合呼吸吐纳，可用于防治呼吸系统疾病。此外，还有助于促进血液循环、缓解疲劳等症状。

第二式：童子拜佛

【操作方法】

接上式，双臂外展高于头顶，屈体屈膝，双手下落于两膝之间，随后身体直立，双手合掌于面前，屈膝，双掌下落于胸前，向左转体，随之向右转体，后归于正位。具体操作过程见图2-3。

【操作效果】

常练此式可强健腰膝，增强自身免疫力。

1　　2　　3

图 2–3　童子拜佛

【注意事项】

有腰椎及膝关节疾患的患者在练习此式时，弯腰搂膝、转体及“马步”等动作应根据自身情况适可而止，不可强求。

【临床应用】

练习此式时，屈体屈膝及“马步”可以锻炼双下肢肌肉，因此其可用于防治髋、膝关节的疾患。同时，在“马步”状态下以脊柱为中心转体，可以达到锻炼脊柱的目的。

第三式：鹰击长空

【操作方法】

接上式，合掌转为双拳，至于两胁部，变拳为爪自然下划至身体两侧；双爪向上举，高于头顶，同时身体直立，后顺势从身前向下按捋，至身体两侧；双臂上举外展于两侧，高于头顶，手似爪形，目如鹰视，同时左膝上提，足尖垂于地。具体操作过程见图 2-4。

【操作效果】

此式动作流利，如鹰击长空之势，顺应肝木喜条达之性，能通经活络，舒展情志，疏肝理气。临床可用于改善心情抑郁、烦躁、失眠之症，并对肩周炎、桡骨茎突狭窄性腱鞘炎等疾患有一定的防治作用。

1　　　2　　　3

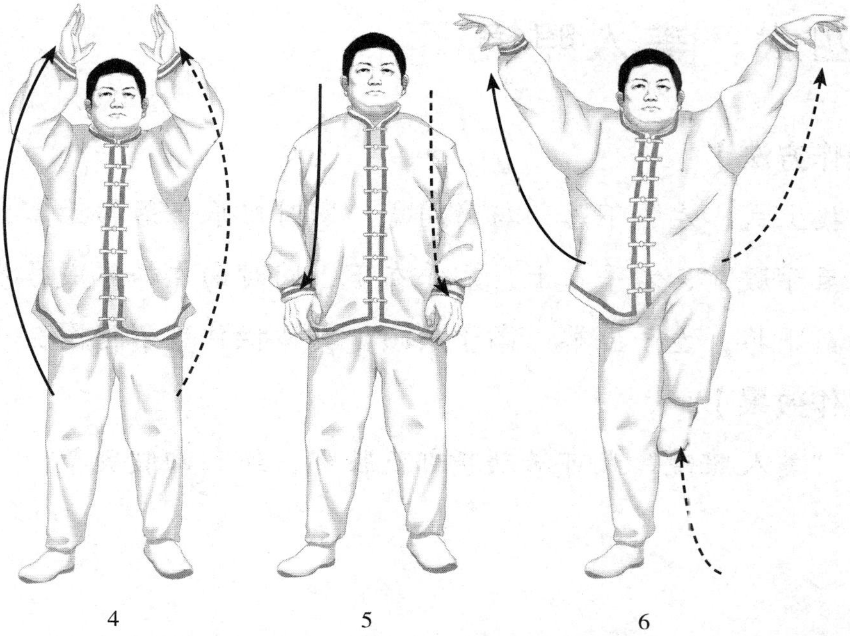

图 2-4　鹰击长空

【注意事项】

展臂向上或下沉时，应从容徐缓，动作连贯，双手呈“爪”状，应苍劲有力且怒目而视，如苍鹰展翅。另外，需注意重心的稳定，谨防摔倒。

【临床应用】

此式主要锻炼腕关节、肩关节及手部肌肉，可用于防治肩、腕关节的疾患。另外，单腿站立可增强下肢肌肉力量，维持身体稳定，增强骨骼肌力量。

第四式：美人照镜

【操作方法】

接上式，左脚下落，与肩同宽，同时双爪下落转为掌，上下抱球至于腹前，右手在上，左手在下，同时向左转体成弓步，右手向前平推，左手上举，高于头顶。具体操作过程见图 2–5。

【操作效果】

“美人照镜”式可活动腰部及膝部，通利四肢关节。

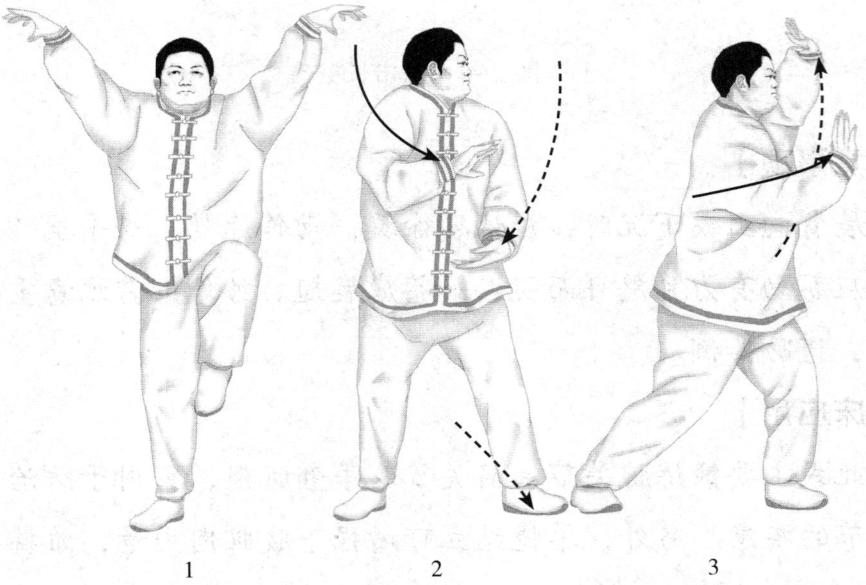

图 2–5　美人照镜

【注意事项】

（1）转体成左弓步时，应注意重心转移，稳定身体。

（2）练习时，动作应柔和，不可用力太过。

【临床应用】

该式可强腰健膝，通利关节，缓解四肢僵硬，增强四肢稳定性。

第五式：风气旋涡

【操作方法】

接上式，双手收于前下方，向右转体，双手叠掌至于腹前；后双手外展，高于头顶，掌心朝前，重心落于左脚。具体操作过程见图 2–6。

【操作效果】

通过转体运动，可疏肝利胆，健脾和胃，对消化系统功能的调节有一定作用。此动作腰部与双上肢左右摇摆，前后滑动，似风气旋涡，临床上对消化不良、嗳气、反酸等症状有一定疗效。

1　　2　　3

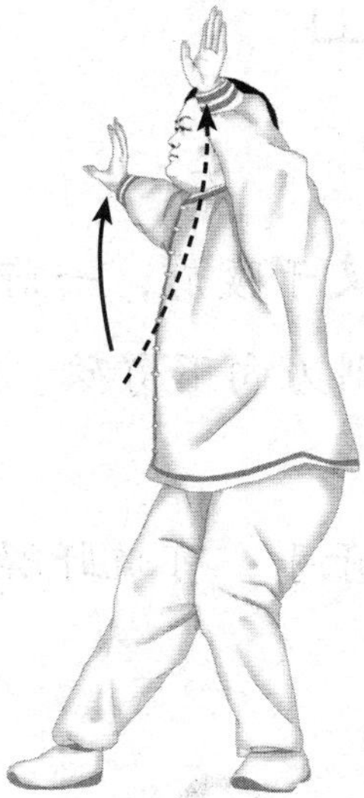

4

图 2–6　风气旋涡

【注意事项】

（1）双手向左后方滑动时，配合一呼一吸，用力柔和均匀。

（2）转体画圆时，要注意重心转移。

【临床应用】

“风气旋涡”式通过转体运动，促进腹部运动，从而增强中焦运化能力。祖国医学云“脾胃乃后天之本”“脾主运化”“胃主受纳”，经常锻炼该式可疏肝利胆、健脾和胃，故常用于缓解消化不良、嗳气、反酸等症状。

第六式：力劈华山

【操作方法】

接上式，双掌下落交叉于腹前，一前一后，目视前方，同时左脚向前迈步，右手再以刚力向下劈砍。具体操作过程见图 2–7。

【操作效果】

“力劈华山”式聚气于手，可疏肝解郁，解除烦躁郁闷。

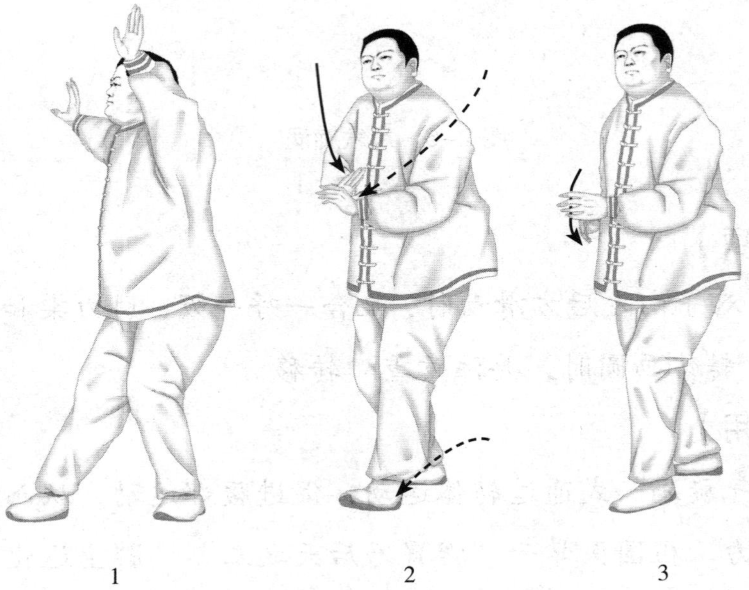

图 2–7　力劈华山

【注意事项】

（1）动作应滑利流畅。

（2）“力劈华山”式应将意念集中于手，方可达到最佳效果。

【临床应用】

此式有利于肝之疏泄，可达疏肝解郁之效，故可改善情志不调、抑郁、烦躁失眠等症，也可用于调理妇科之症。

第七式：大鹏展翅

【操作方法】

接上式，左足后收与肩同宽，自然站立，同时两臂抬起，高于头顶，双掌相背，指尖朝上；双膝微屈，双手顺势下落于身体两侧；两臂再次抬起，高于头顶，双掌朝地，指尖朝下；双膝微屈，双手顺势下落于身体两侧；反复3次，双掌叩于身体两侧。具体操作过程见图2-8。

【操作效果】

“大鹏展翅”式通过活动全身关节，可舒筋活络，通利气血，对脾虚食欲减退者有一定功效。

1　　2　　3

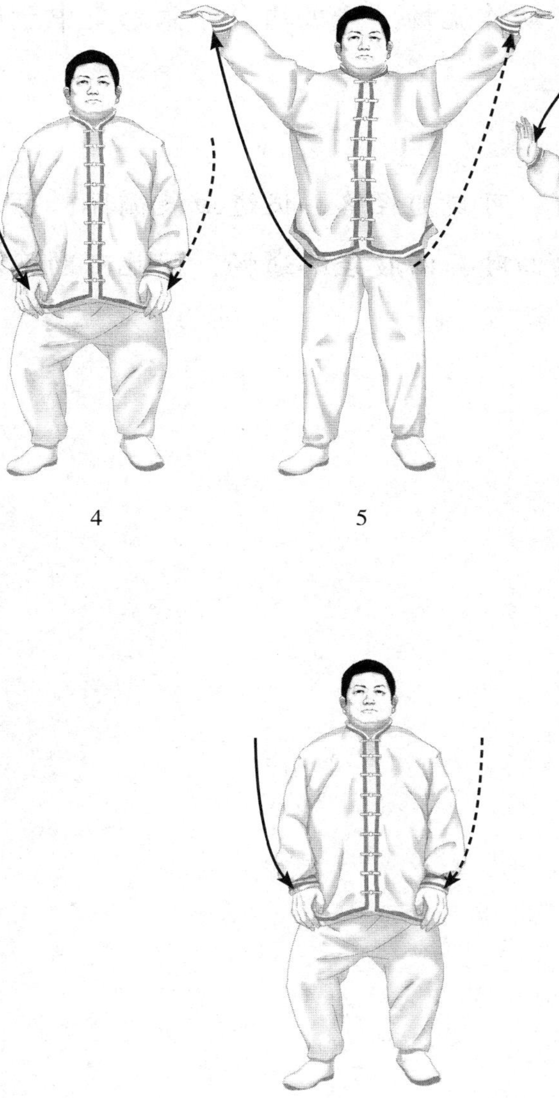

图 2–8　大鹏展翅

【注意事项】

做三次展翅时，应动作流畅，呼吸均匀，意念集中于胸，如鹏之展翅飞翔。

【临床应用】

此式活动全身关节，可疏通经络，促进血液循环，可用于改善关节不利之症；脾主四肢，四肢经络通畅，因此可助脾运化，促进脾胃消化。

第八式：大象警觉

【操作方法】

接上式，向右转体成弓步，重心于右脚，双掌立于胸前，一前一后；随之右手向前，左手内收于胸前，重心后移。具体操作过程见图 2–9。

【操作效果】

收臂后坐勇猛有力，可振奋精神，昂扬斗志。

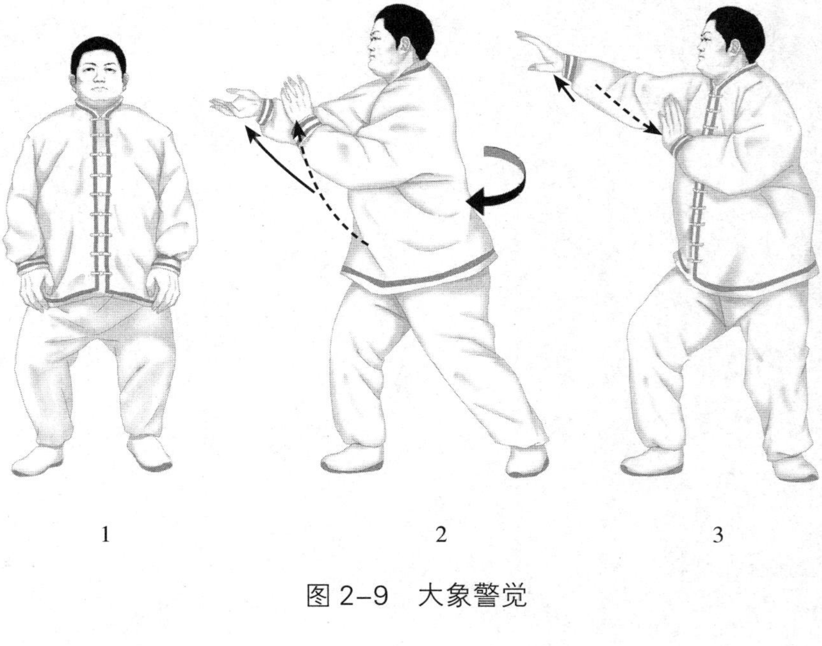

图 2–9　大象警觉

【注意事项】

收臂时，意念集中于胸，虚步后坐，注意足部用力，重心稳定。

【临床应用】

此式通过带动臀部肌肉运动，能充分地活动髋关节。祖国医学云“筋束骨而利关节”，通过该式的锻炼，能改善局部肌肉紧张，可有效地改善臀肌挛缩症（属中医“筋骨病”范畴）。

第九式：天王托塔

【操作方法】

接上式，向左转体，双手平行下摆，经腹前，后左手上举，高于头顶，右手抬肩屈肘垂于胸前，同时身体直立；后右掌转托掌于胸前，左掌呈立掌于右掌之上，平于膻中，同时双腿微屈。具体操作过程见图 2-10。

【操作效果】

“天王托塔”式可升提中气，通调任脉，健脾和胃。

1　　2　　3

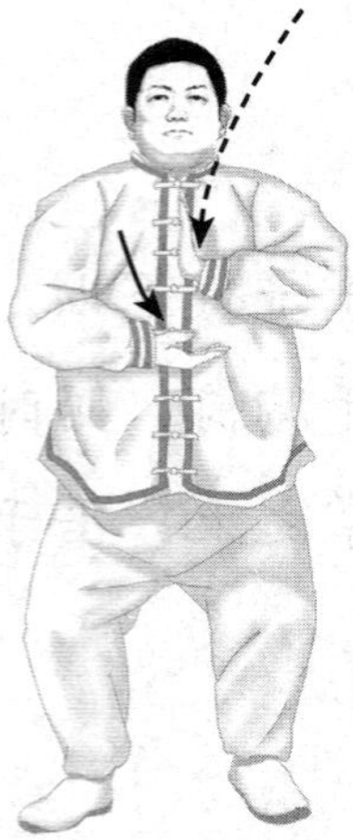

4

图 2–10　天王托塔

【注意事项】

应注意左右手的位置，动作徐缓，配合宁静呼吸。

【临床应用】

该式主要活动肩关节，可在一定程度上增加肩关节活动度，对预防肩周炎有一定作用。同时，该式可调节一身之气，促进血液循环，增强体质。

第十式：顺水推舟

【操作方法】

接上式，向右后方转体，同时双掌向右前方按捋，目随掌动；后向左转体，同时双掌向前推出平于胸前；后向右转体，同时双掌向前推出平于胸前；后双掌下移于腹前，右手向前，左手向后回收，贴于腹部，再向上收于胸前，掌心向外，缓慢且用力向前直臂推出。具体操作过程见图 2-11。

【操作效果】

顺势而为，双臂画圆，可充分活动关节，达到缓解疼痛及预防疾病等功效。

1　　2　　3

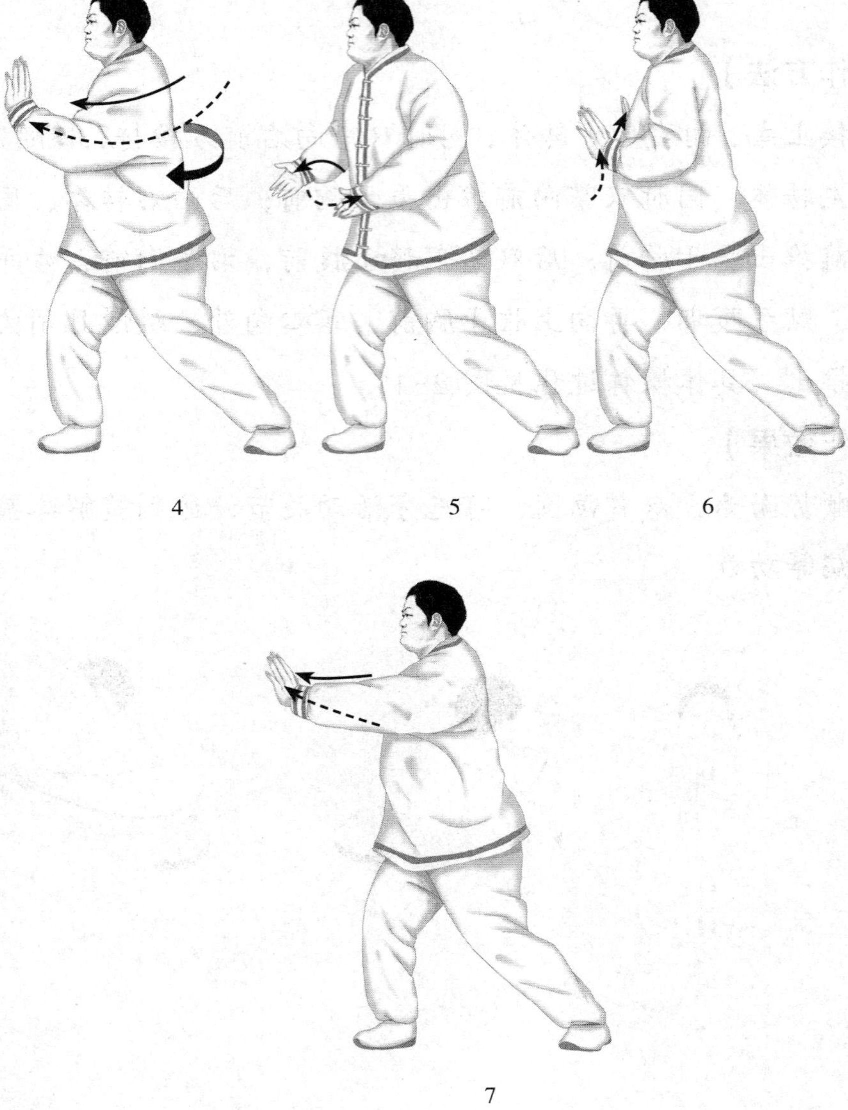

图 2-11　顺水推舟

【注意事项】

左右转体时应柔和有力，滑利流畅。

【临床应用】

“顺水推舟”式意念集中于手，能活动腰、膝、肩、肘关节，可防治腰、腿疼痛。双臂画圆时，可充分活动双臂，能预防颈椎病、肩周炎等疾病。

第十一式：蛟龙入海

【操作方法】

接上式，双手平推，然后向另一侧转体，双手从下画半圆，从右至左；转体站立，屈膝，双手内收于腹前（气海穴），右手由上向下，左手由下向上，成阴阳掌。具体操作过程见图 2-12。

【操作效果】

真气收于气海使五脏六腑得以充养。气海，人之元气所生，真气内收于此，可升发阳气，改善虚脱性疾病，有强身健体的作用。

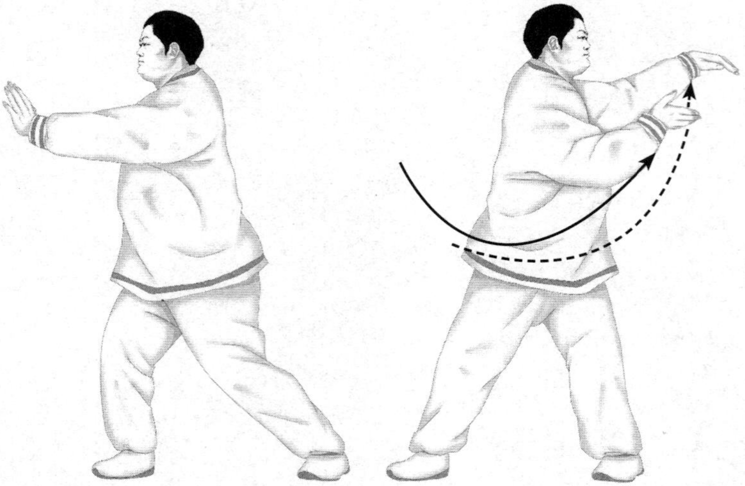

1　　2

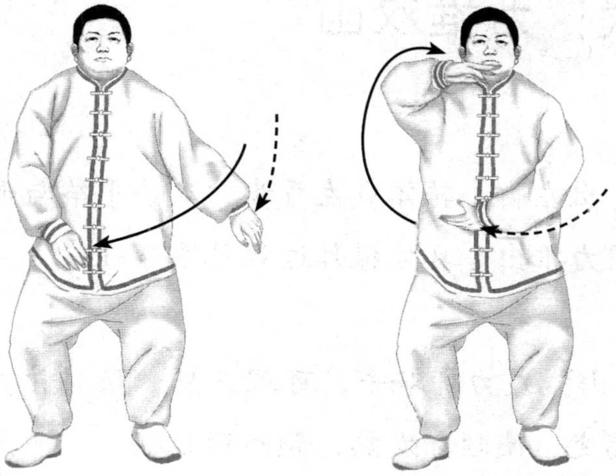

3　　4

图 2–12　蛟龙入海

【注意事项】

此式意念集中于手，配合呼吸，使真气收于气海。

【临床应用】

“蛟龙入海”式能充分促进血液流通，运气于中，气载血行，对贫血的防治起到较好的作用。

第十二式：力推双山

【操作方法】

接上式，出左脚，转体成左弓步，双手平举与肩同宽，向身体左右同时用力推出。具体操作过程见图 2–13。

【操作效果】

“力推双山”式力贯双手，可理三焦、强筋骨。双手推掌，可缓解颈椎病变，使颈部发热，预防颈椎病。

1　　2

图 2–13　力推双山

【注意事项】

双手推掌时应勇猛有力，意念集中于手，如推山之势。

【临床应用】

双手推掌，可缓解颈椎病变，使颈部发热，预防颈椎病。

第十三式：金驹咆哮

【操作方法】

接上式，向右转体，收右腿，双手收于（腹前）气海穴；提右膝，重心落于左脚，双手上举，左手放于胸前，右手与肩同高，双手如挽烈马之缰。具体操作过程见图 2–14。

【操作效果】

“双手握缰”动作可镇静安神，使阴阳协调，气血畅通。

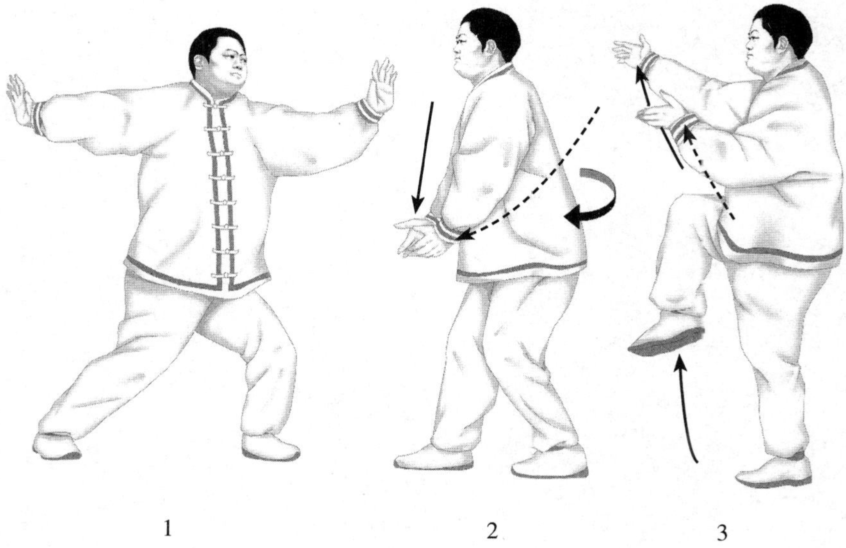

图 2–14　金驹咆哮

【注意事项】

注意重心的转换，双手应苍劲有力如挽烈马之缰。

【临床应用】

双手紧握，可通畅气血、平心静气。左腿独立，可增强平衡力，同时可锻炼小脑功能。

第十四式：怀抱玉柱

【操作方法】

接上式，弯腰下沉搂膝，双掌相接，置于膝前；展体，双手向上提，成抱柱状。具体操作过程见图 2–15。

【操作效果】

“怀抱玉柱”式动作轻柔和缓，精神内守，元气四布，可改善烦躁失眠。通过弯腰搂膝，上提抱柱，可引全身气血向上，可促进全身气血畅通，水液布散，从而使周身都得到元气的滋养，对消除疲劳有良好的作用。

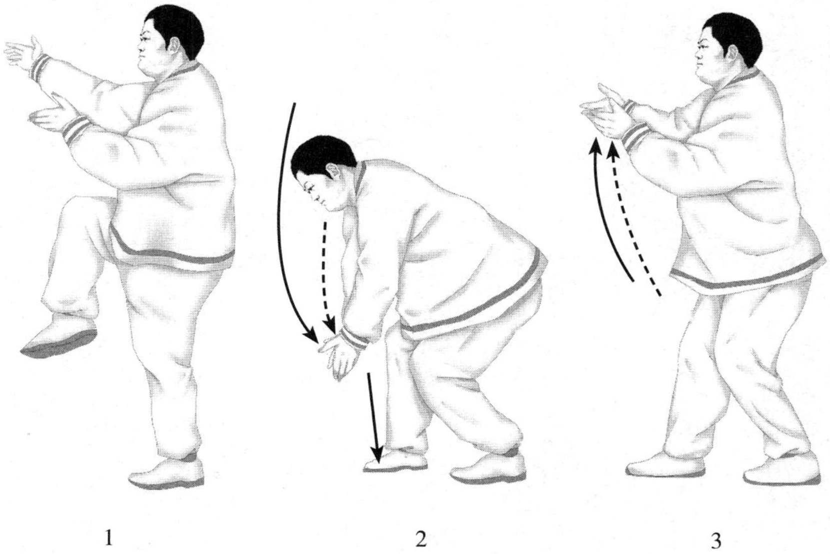

图 2–15　怀抱玉柱

【注意事项】

弯腰搂膝时，应结合自身情况，不可弯腰太过。

【临床应用】

“怀抱玉柱”式能充分锻炼身体各部肌肉，带动身体精气神的运转，对神经官能症的防治起到较好的作用。

第十五式：风摆荷叶

【操作方法】

接上式，双手向下，收于气海穴，向左转体，双手从下向左画半圆；双手回收，向右转体，双手从下向右画半圆，脚尖方向随动作转移。具体操作过程见图 2-16。

【操作效果】

“风摆荷叶”式动作顺畅自然，心中去除杂念，可养心神，补肺气。

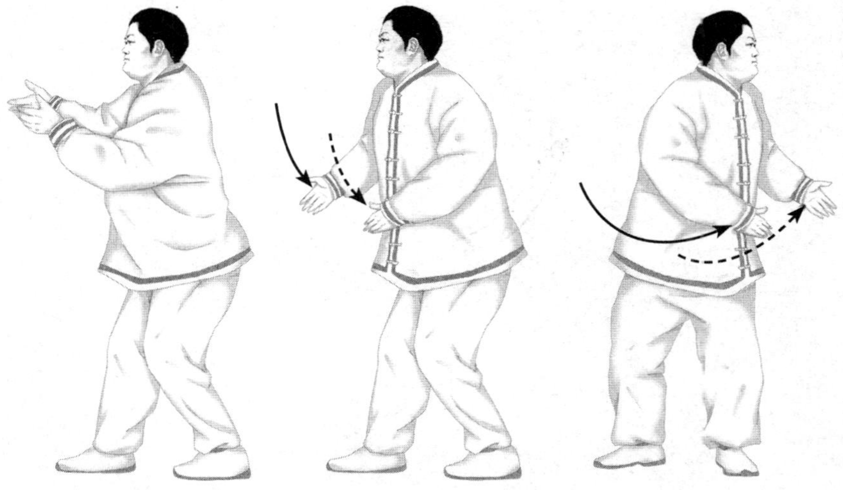

1　　2　　3

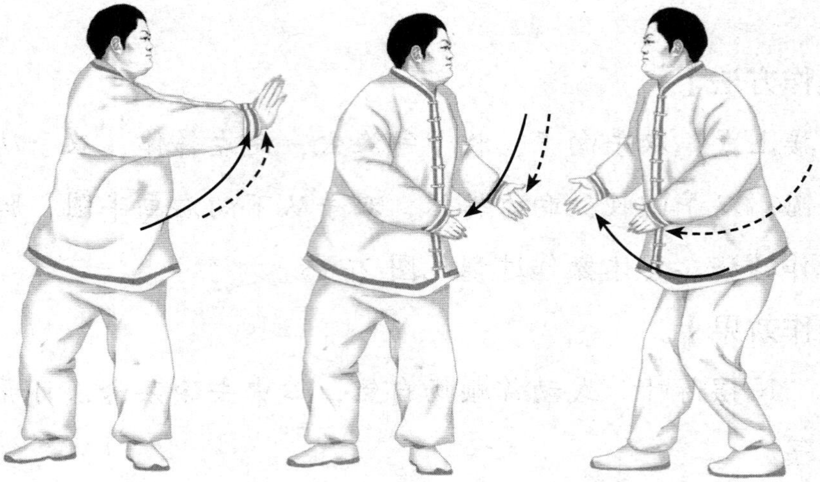

4　　5　　6

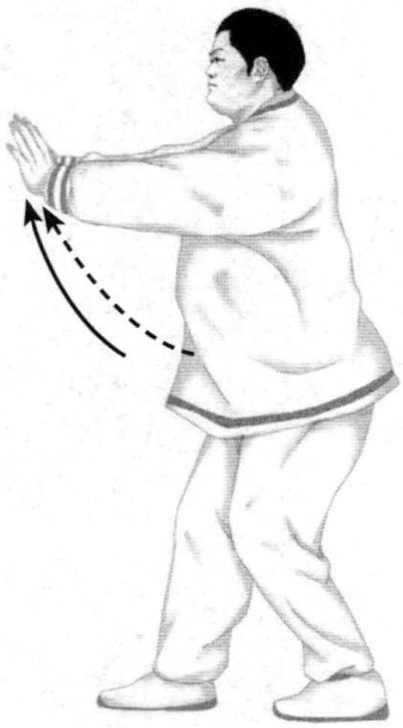

7

图 2–16　风摆荷叶

【注意事项】

双手左右摆动时应配合身体转体协调，动作自然从容。

【临床应用】

此式双手配合身体左右转体摆动，可有效锻炼腹部、肩部、臀部等核心肌群，以提高身体的灵活性、协调性和稳定性。同时还可促进肠道蠕动，帮助消化，用于预防消化系统疾病。

第十六式：仙人亮掌

【操作方法】

接上式，向左转体，自然站立，右手立掌贴于耳旁，左手置于腹前；左转身，右手收于腹前；提左膝，两臂外展，高于头顶，左手勾手，右手亮掌。具体操作过程见图 2–17。

【操作效果】

展臂亮掌，意念集中于双手，使真气通达手指，可宁心宣肺，提神。右足独立，可增强平衡力，同时可锻炼小脑功能。

1　　2　　3

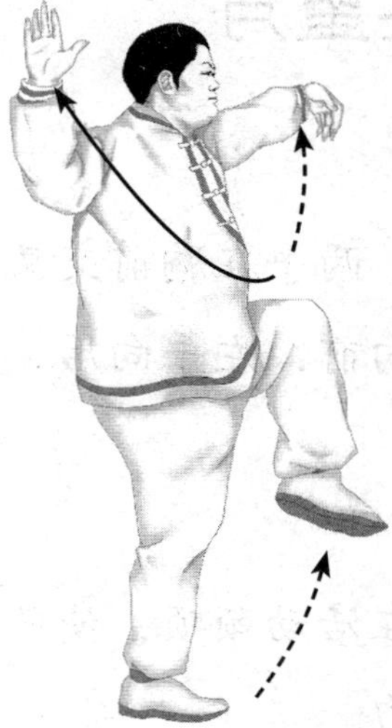

4

图 2–17　仙人亮掌

【注意事项】

提左膝，右足独立时，注意身体平衡。

【临床应用】

“仙人亮掌”式能充分锻炼四肢肌肉的强度，增加四肢肌力，可预防骨质疏松导致的跌倒。

第十七式：回头望月

【操作方法】

接上式，左脚落地，两手在胸前交叉而过，转体向左，两臂平伸，与肩同高，右手向前，左手向后，回头远望左手。具体操作过程见图 2-18。

【操作效果】

“回头望月”式重在活动颈项，使气血上达于脑，既可改善颈部疾病，又可增强视力。

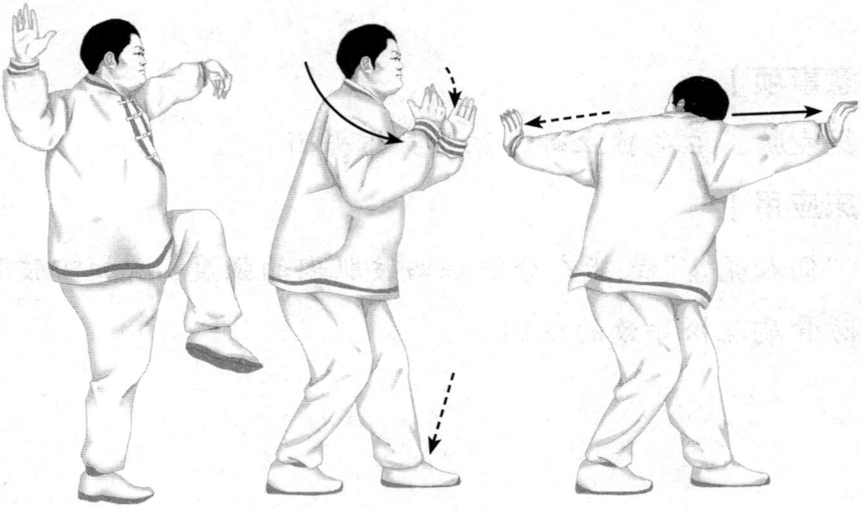

1　　2　　3

图 2-18　回头望月

【注意事项】

注意回头远望时动作轻柔缓慢，不可过猛，以免损伤颈部。

【临床应用】

回头动作可活动颈部肌肉组织，达到缓解颈部疼痛的目的，同时回头眺望可缓解视疲劳，增强视力。

第十八式：搂膝冲掌

【操作方法】

接上式，转头屈体屈膝，双手搂左膝；展体，右脚向前一步，右手收于胁部，左手向前冲掌；再次屈体屈膝，双手搂右膝，展体，左手收于胸前，右手向前冲掌。具体操作过程见图 2-19。

【操作效果】

“搂膝冲掌”式能活动肢体关节，益肾壮阳，填精益髓，可缓解腰腿疼痛。

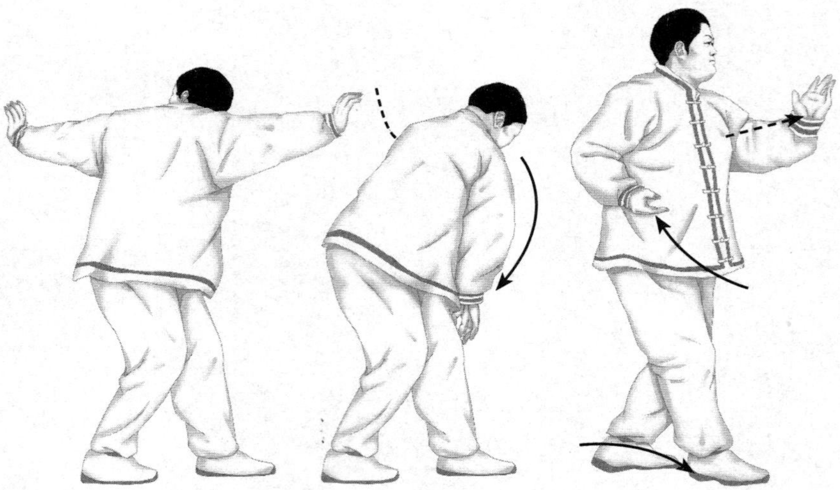

1　　2　　3

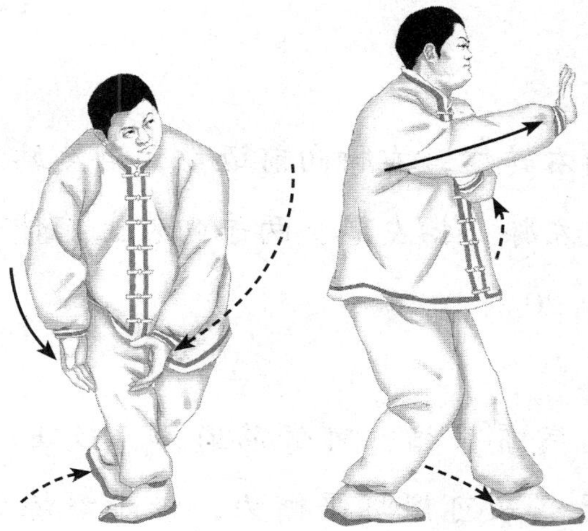

4　　　　5

图 2–19　搂膝冲掌

【注意事项】

左、右搂膝冲掌时，应缓慢而有力。

【临床应用】

“搂膝冲掌”式能充分锻炼髌骨周围肌肉，对髌骨软化症的防治起到较好的作用。

第十九式：猿猴摘桃

【操作方法】

接上式，向右转体，右脚向前迈步，自然站立，双臂下垂置于身体两侧，提左膝，抬左肩，两手向左上前伸呈抓物状。具体操作过程见图 2–20。

【操作效果】

两手抓物，气贯手指，可舒筋通络，改善指端麻木、手腕无力。右腿独立，又可锻炼平衡力，进而锻炼小脑功能，预防脑萎缩。

1　　2　　3

图 2–20　猿猴摘桃

【注意事项】

提左膝，右腿独立，两手呈抓物状，意念集中于手指。

【临床应用】

锻炼该式，能温通经脉、行气活血、消肿止痛，故对腕管综合征有良好疗效。

第二十式：力拔山岳

【操作方法】

接上式，落左脚，自然站立，双臂下垂，置于身体两侧；向后转身，身体屈曲，左手贴于腹部，右手随身体下沉，提右膝屈右肘，重重着地。具体操作过程见图 2–21。

【操作效果】

勾手提环，力贯手臂，久练可固肾壮阳，强健筋骨。右脚重重着地可强膝健腰，对髋、膝部的疾病有较好的预防作用。

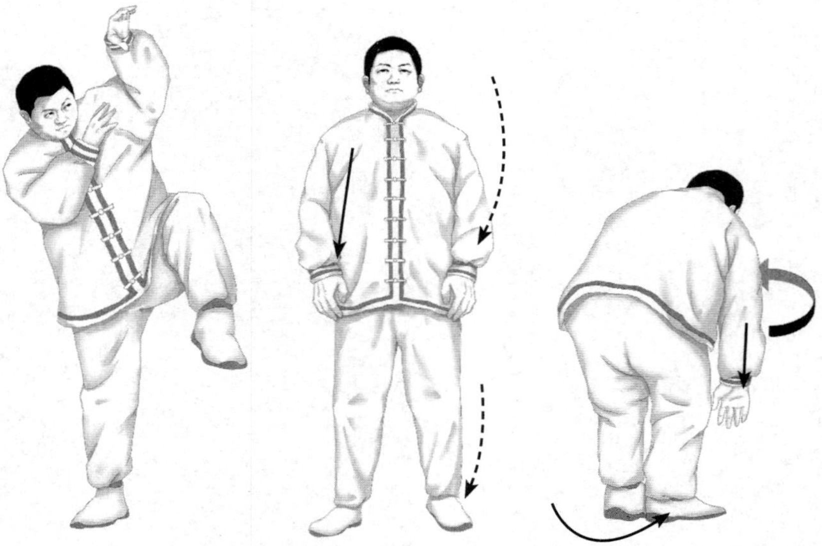

1　　2　　3

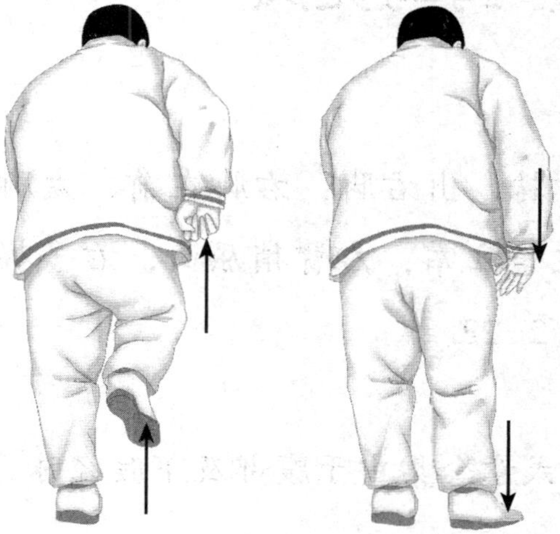

4　　5

图 2–21　力拔山岳

【注意事项】

右脚着地时，应重重有力，但也不能太过，应根据个人情况，量力而行。

【临床应用】

“力拔山岳”式能充分锻炼臀、腿部肌肉，对大转子滑囊炎的防治起到较好的作用。

第二十一式：跨马兜风

【操作方法】

接上式，向右转，出右脚，右脚在前、左脚在后成弓步，左臂向前平推，左手立掌，右臂稍屈曲，右手握拳收于腰间。具体操作过程见图 2-22。

【操作效果】

“跨马兜风”式意念集中于腹部及下肢经脉，能行气活血，舒筋止痛。

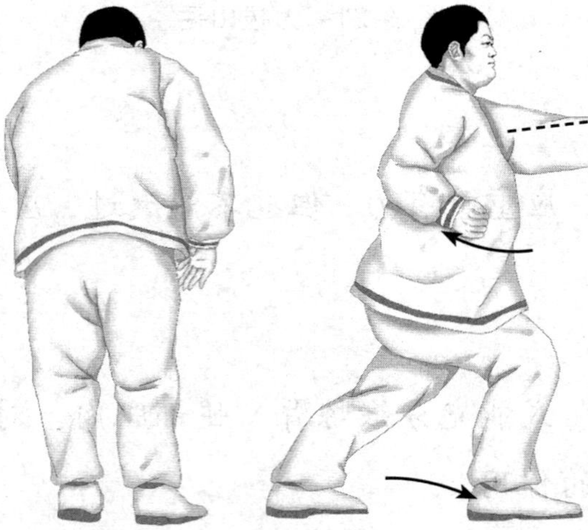

1　　2

图 2-22　跨马兜风

【注意事项】

转体后，应注意重心变换，把握平衡。

【临床应用】

从解剖及生物力学角度来看，运用“跨马兜风”式改善骶髂关节错缝，可取得满意效果。另外，练功时要轻巧、敏捷，不可粗暴操作，以避免损伤患侧腹直肌。

第二十二式：火龙探爪

【操作方法】

接上式，左脚向前跨步，右脚在后，双腿微屈；向右转体，左臂伸直，与胸部平齐，右臂置于身体右后方；向左转体，右手前推，左臂屈曲，左手搭于右臂肘部。具体操作过程见图 2–23。

【操作效果】

双手探爪，意念集中于手指，可发散浊气，清泻心火，缓解烦躁不安等症状。

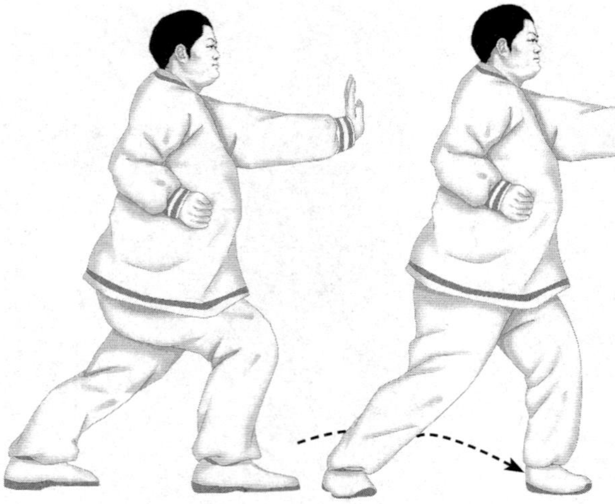

1　　2

图 2-23　火龙探爪

【注意事项】

弓步转体时，应缓慢流畅，右手探爪时，应刚劲有力。

【临床应用】

练功是缓解焦虑症的有效方法，每天坚持练习“火龙探爪”式，可使体内气血调和，从而达到阴阳平衡，缓解焦虑症状。

第二十三式：桂美龙腾

【操作方法】

接上式，双手收于胸前，右手在上，左手在下，极力上推双手至左斜上方，似龙腾。具体操作过程见图 2–24。

【操作效果】

双手斜推可舒展气机，畅达气血，调畅情志，振奋精神，增强四肢协调性。

1　　2　　3

图 2–24　桂美龙腾

【注意事项】

注意上推双手至斜上方时，双腿固定不移，以腰部扭转活动为主，前臂舒展，手举过头。

【临床应用】

此式手、肩、腰同时扭动，可缓解肩部肌肉力量不足引起的局部疼痛，以及腰肌劳损、髋关节力量不足引起的相关疾病。

第二十四式：紫金栋梁

【操作方法】

接上式，向右转体，扎马步（屈膝、垂臀、挺胸），右手下落立掌于胸前，右臂屈曲，左手下落立掌，掌心朝前，左臂屈曲外展，双手做云手式，手随腰摆，向右摆动。具体操作过程见图2–25。

【操作效果】

动作流畅自然，降浊气、升清气，调畅上下气机，可以补肺气、纳肾气。

1　　2　　3

图2–25　紫金栋梁

【注意事项】

双手左右摆动与腰部摆动协调流畅，动作自然从容。

【临床应用】

该式双手左右摆动并配合呼吸，能增强心肺功能，提高呼吸系统的效率。对于有轻度呼吸系统疾病的患者来说，该式可以作为辅助治疗。此外，该式还可以通过放松紧张的肩颈肌肉，促进血液循环，从而缓解因长时间保持不良姿势或过度劳累引起的肩颈疼痛。

第二十五式：蛟龙分水

【操作方法】

接上式，马步变右弓步，右手上举略高于头顶，左臂微屈，左手立掌略高于腰部，向左转体，左手随之向上，略高于头顶，右臂伸直，右臂下落，右手按掌，略高于腰。具体操作过程见图2–26。

【操作效果】

双手用力“分水”，可清泻肝胆之火，有降压安神的作用，可预防高血压等病症。

图 2–26　蛟龙分水

【注意事项】

弓步转体时注意重心转移，“双手猛分，力贯双臂”应做到“快”“狠”两点。

【临床应用】

“蛟龙分水”式可以调节中枢神经系统及交感神经，具有清肝泻火、平肝潜阳的作用，有一定降压效果。

第二十六式：金丝缠腕

【操作方法】

接上式，收右腿，两腿直立与肩同宽，左手下落，右手向上，双手握拳，收于两胁部，双腿随之屈曲。具体操作过程见图 2–27。

【操作效果】

意念放松，有宁心安神、健脾益气的作用。

1　　2　　3

图 2–27　金丝缠腕

【注意事项】

要求动作平缓，呼吸吐纳随动作协调、均匀。

【临床应用】

该式锻炼时需心静、气和，通过缓慢的动作，帮助调整呼吸、放松身心。在收拳于胁肋部时，放松效果尤为明显，有助于缓解心理压力和焦虑。

第二十七式：旋风突起

【操作方法】

接上式，身体向右旋转，双手向前推，再向左旋转，两臂同时向前平推，再向右转，右腿在前，左腿屈曲在后，左手随之于左前上方，右手于右前下方，同时左腿跨步转体，右手向外前上方，左手回收于胸前，左脚下落，再提右膝向左转体，右腿在前，左腿屈曲在后，右手伸直于前下方，略高于腹部，左手搭在右上臂，再向左转体，左、右手立掌下落于左前下方，动作如旋风状。具体操作过程见图 2–28。

【操作效果】

锻炼时身体各部分旋转幅度较大，能疏通十二经脉气血，可防治肢体麻木、疼痛等病症。

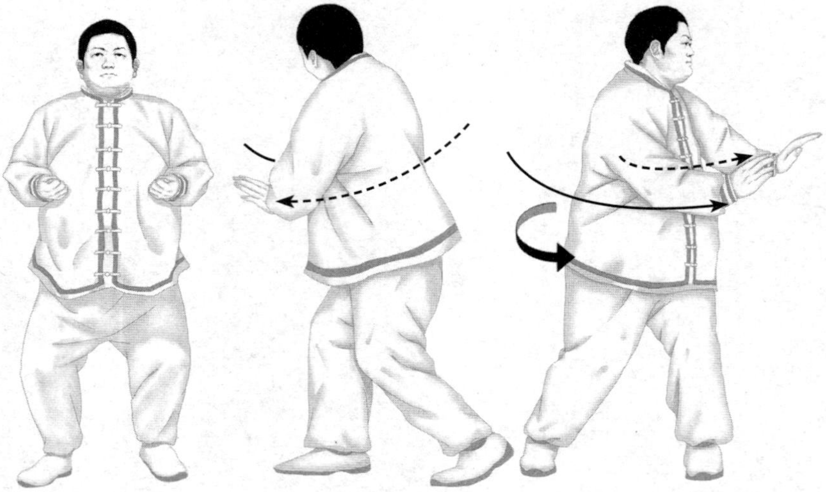

1　　2　　3

4　　5　　6

7　　8

图 2–28　旋风突起

【注意事项】

要求动作流畅自然，禁忌迟滞而影响气血于经脉中的运行。

【临床应用】

此式通过旋转身体疏通全身经络，可缓解四肢疼痛、麻木等气血瘀滞不通之痹证类病症。

第二十八式：左顾右盼

【操作方法】

接上式，手心相对，重心在右，随着身体转动，双手向右下方摆动，左脚向后退一步，左转，双手向左下方摆动，右脚、左脚再交替向后退一步，最后身体回正，两手自然放于身体两侧。具体操作过程见图 2-29。

【操作效果】

“左顾右盼”式能调理脾胃，改善食欲减退、消化不良等病症。

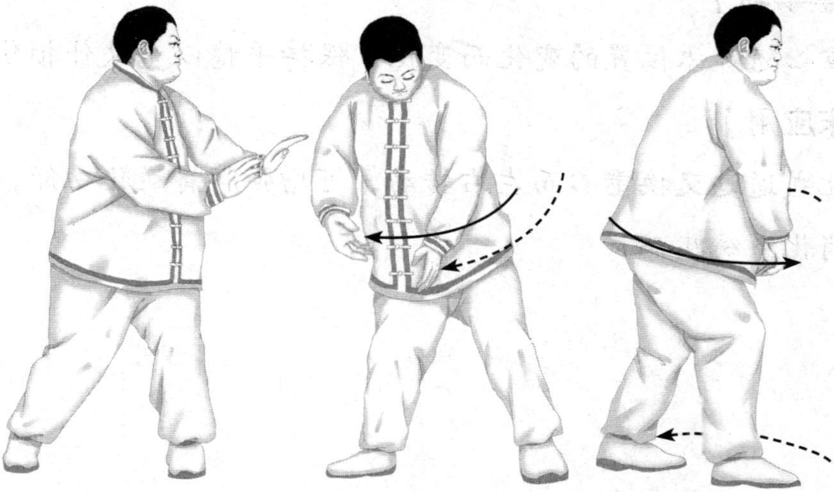

1 2 3

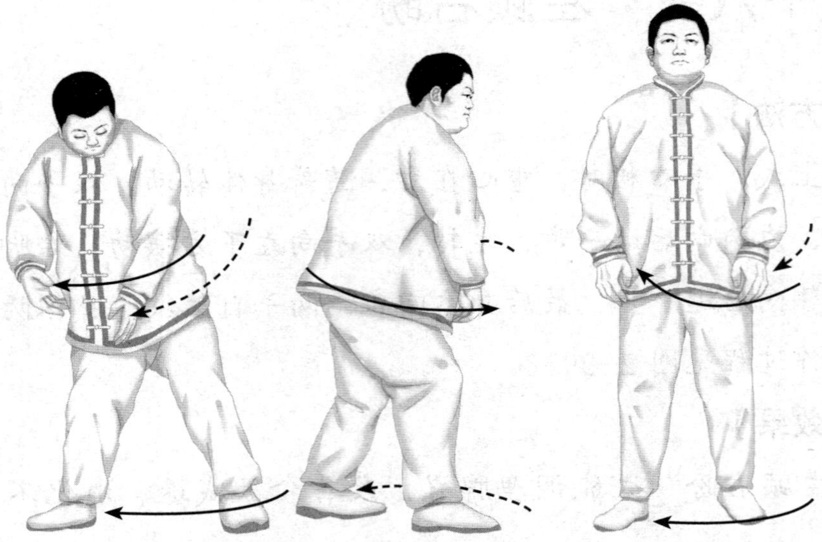

4　　5　　6

图 2–29　左顾右盼

【注意事项】

重心随身体位置的变化而变化，保持平稳以免跌仆损伤。

【临床应用】

此式通过交换重心而左右转动，可增强脾胃运化功能，故可改善消化系统疾病。

第二十九式：法师点魔

【操作方法】

接上式，双手向上外展，左腿提膝，左手下落于腹部，右手下落于胸前，同时左腿跺地，右手击打左手，左手掐腰，右手示指、中指指向右上方，同时看向右手手指。具体操作过程见图 2-30。

【操作效果】

锻炼时，意念集中于手指，气向下行可归纳肾气。

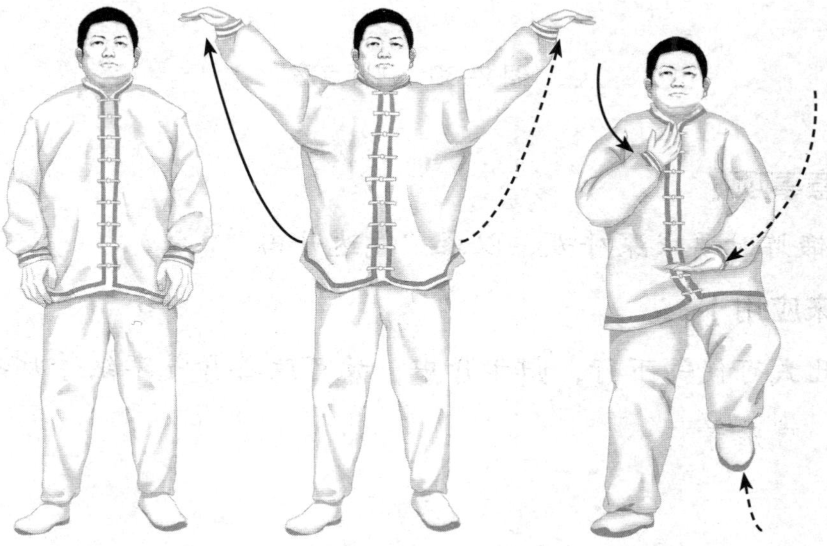

1　　2　　3

4　　　　5

图 2–30　法师点魔

【注意事项】

锻炼时要求深呼吸，以求“气达丹田”。

【临床应用】

此式可使气下行，归于肾中，故可改善肾气不纳等病症，如咳嗽、喘症等。

第三十式：雄鹰扑食

【操作方法】

接上式，上左脚同时身体右转，右臂划弧向下，左臂屈曲向上，重心放于左腿，提右膝，右臂划弧向前上方，右手腕击打左手虎口，同时右腿向前跨步落地。具体操作过程见图 2–31。

【操作效果】

“雄鹰扑食”式能开达肺肾之气，补肾益气，对肾虚病症有一定效果。

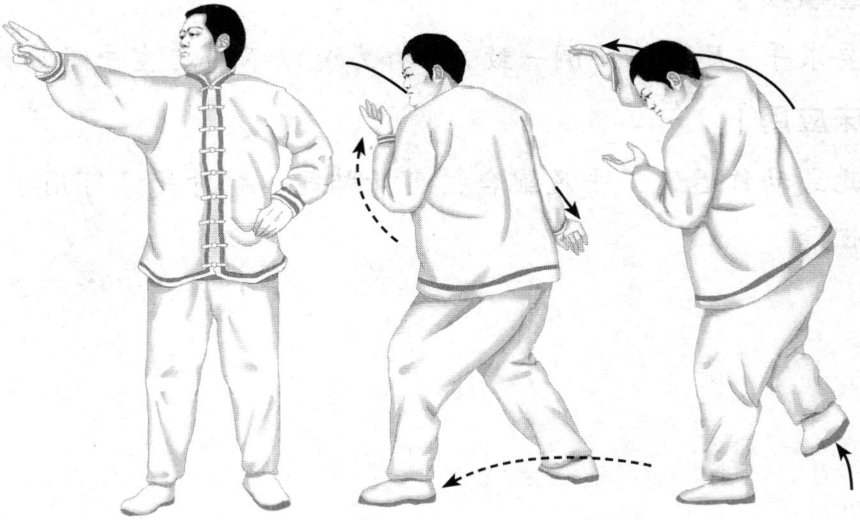

1　　　2　　　3

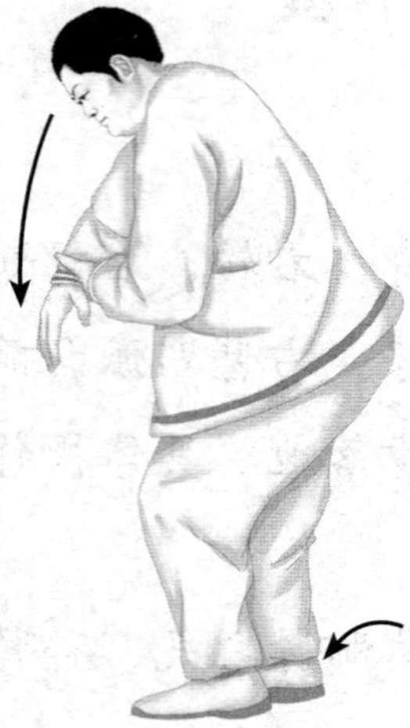

4

图 2–31　雄鹰扑食

【注意事项】

要求手、足动作协调一致，击打力道以不引起左手疼痛为宜。

【临床应用】

此式动作迅速，手足配合，可开肺气、补肾气，可用于改善虚证疾病。

第三十一式：抱膝蹬脚

【操作方法】

接上式，弯腰双手交叉（左手在上，右手在下）抱膝，随后站立，左膝上提，左脚蹬向左前方，下落，转体成正位。具体操作过程见图 2-32。

【操作效果】

“抱膝蹬脚”式能舒筋活络，通利关节，防治膝关节疾病。

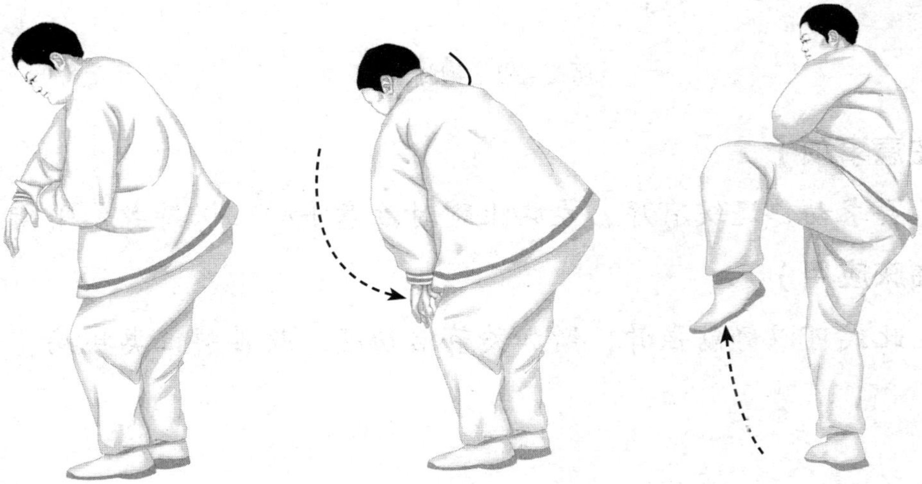

1　　2　　3

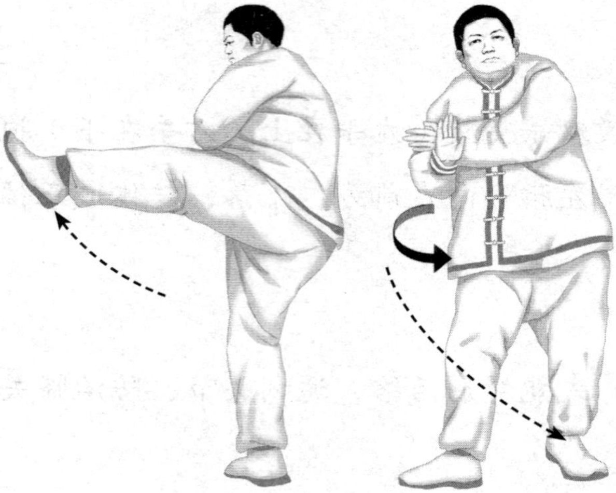

4　　　　5

图 2-32　抱膝蹬脚

【注意事项】

要求动作迟缓有序，左脚上蹬时注意重心，保持身体平衡。

【临床应用】

此式可以舒筋强骨，增加关节活动度，改善痹证类疾病。

第三十二式：左右冲掌

【操作方法】

接上式，转体，弯腰向左下方搂膝，随后起身左手向前冲掌，右手夹于腰；再转体弯腰向右下方搂膝，随后转体右手向前冲掌，左手夹于腰。具体操作过程见图 2–33。

【操作效果】

“左右冲掌”式能疏通肺气，开阔胸怀，久练对防治呼吸系统病症有一定作用。

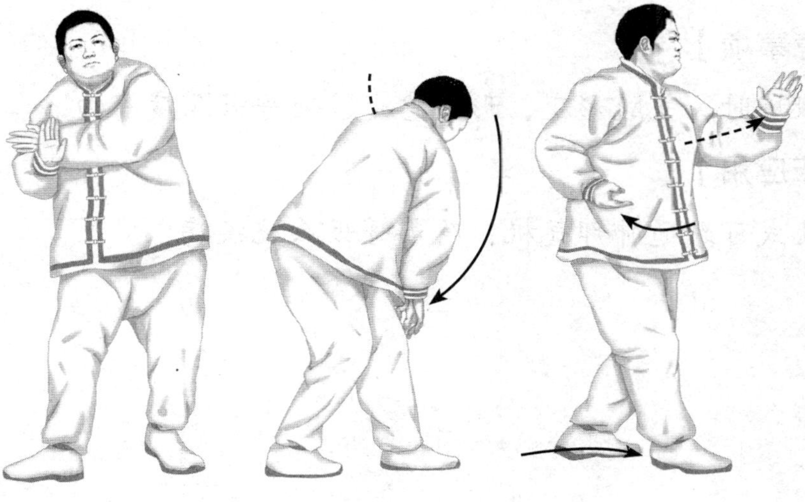

1　　2　　3

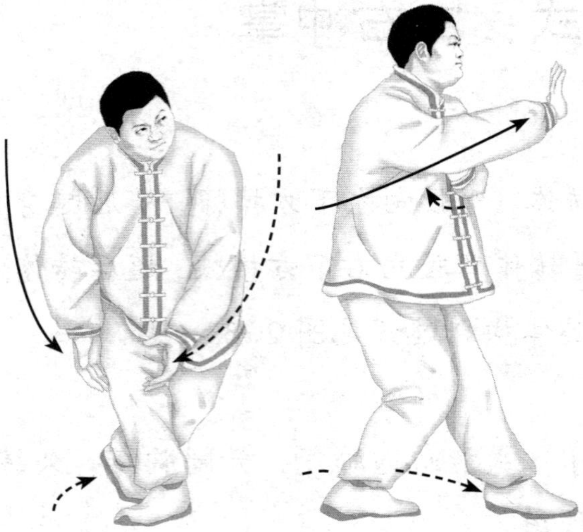

4　　5

图 2-33　左右冲掌

【注意事项】

锻炼时，气随形变，形随意走，使呼吸深度有力。

【临床应用】

此式可疏通肺部气机，改善呼吸系统疾病。

第三十三式：黑熊翻掌

【操作方法】

接上式，掌心向上，弯腰双手向下划弧至腹前，随之向后转体，双手从头顶划过，右手落至腹前，左手上举。具体操作过程见图 3–34。

【操作效果】

经常锻炼此式，能疏泄肝胆，调补脾胃，改善食欲减退。

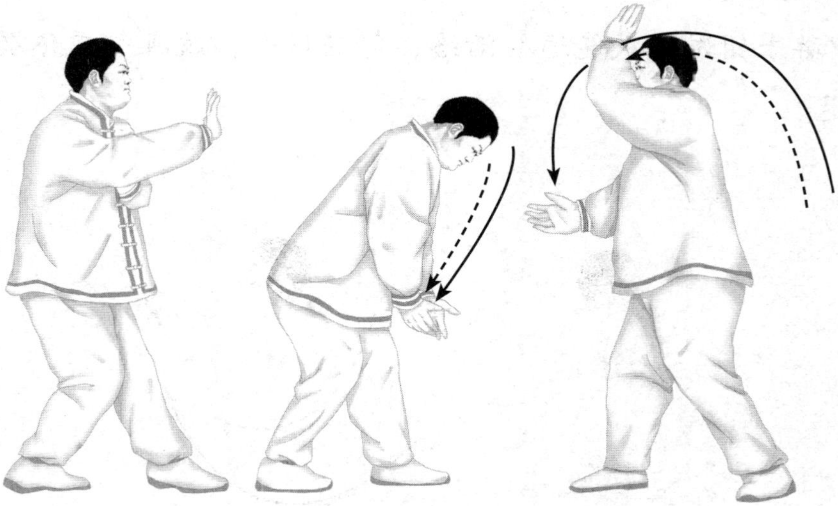

1　2　3

图 3–34　黑熊翻掌

【注意事项】

划弧迟缓流畅，动作潇洒有力。

【临床应用】

此式划弧幅度大，可疏肝利胆，用于改善脾胃不适疾病。

第三十四式：游手钳龙

【操作方法】

接上式，转体向右跨步，双手向左上方划弧，左手在上，右手在下，上半身随双手向左摆动；随后右手在上，左手在下，双手向右上方划弧，上半身随双手向右摆动；循环摆动两次后，摆向右上方时，两手成掌型，掌心朝下，双腿呈右弓步。具体操作过程见图 2–35。

【操作效果】

“游手钳龙”式能通经活络，舒筋理气，改善气虚体弱、食欲减退。

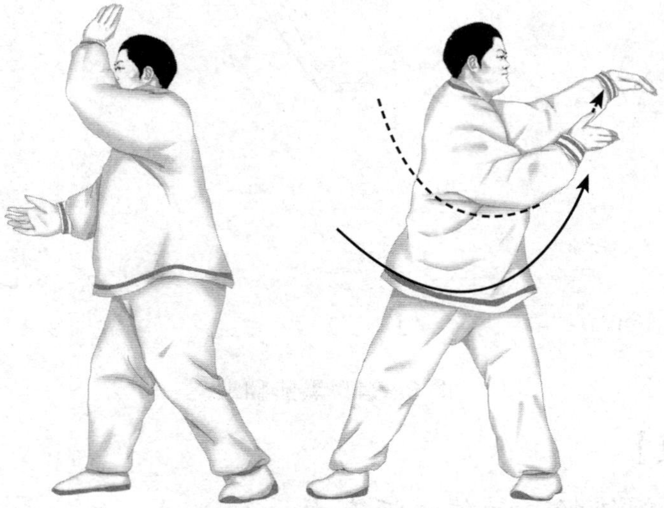

1　　2

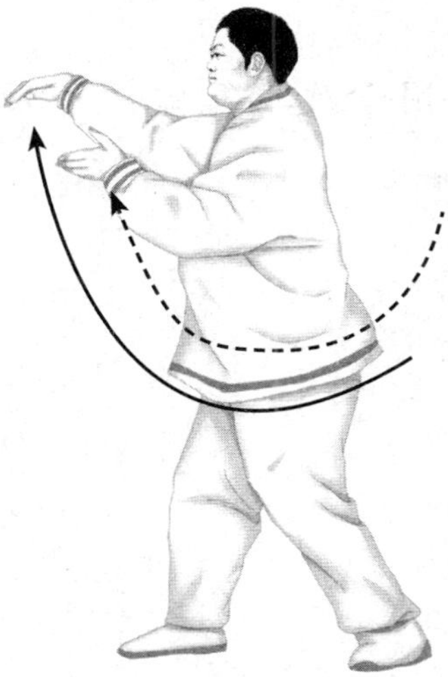
3

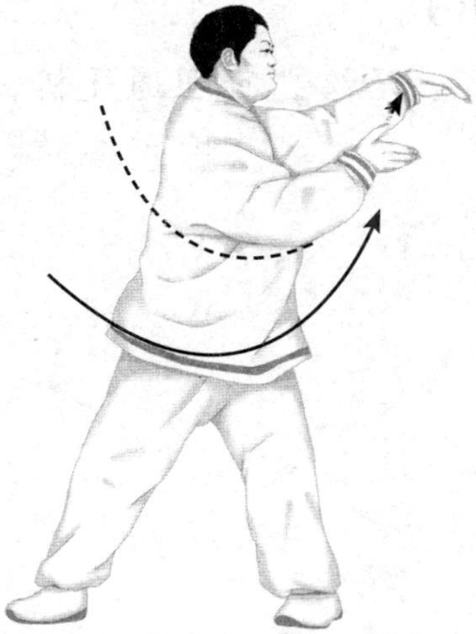
4

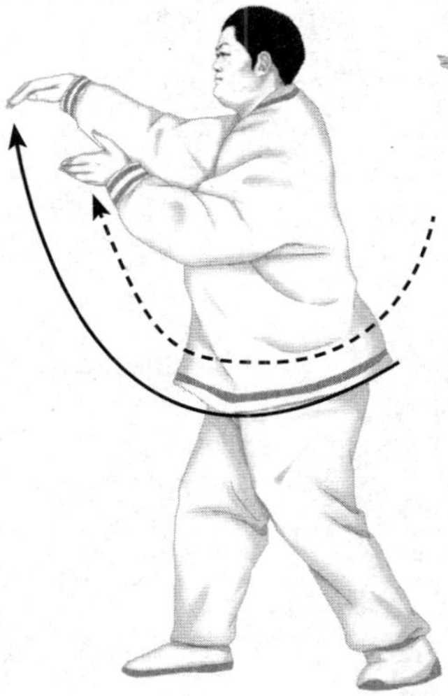
5

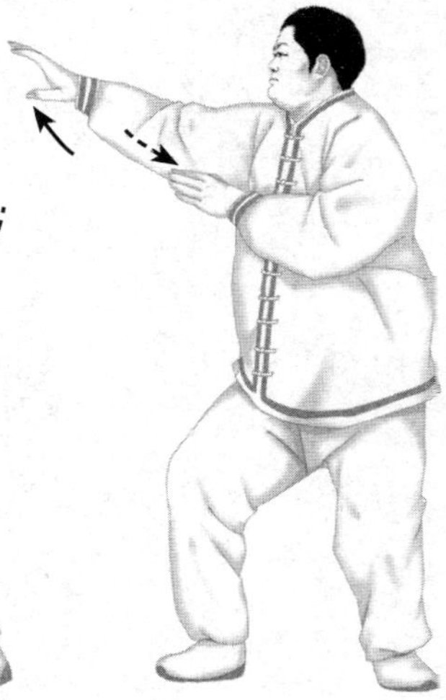
6

图 2–35　游手钳龙

【注意事项】

摆动幅度宜大，以开阔胸腹，调达理气。

【临床应用】

此式舒筋活络，可理通气机，用于改善气虚、气滞等病症。

第三十五式：转体伏虎

【操作方法】

接上式，向左转体成弓步，左手握拳经腹前划动至高于头顶，右手下划至腹前。具体操作过程见图 2–36。

【操作效果】

“转体伏虎”式气盛力猛，壮志升发，可疏肝利胆、解郁健脾。

1　　2

图 2–36　转体伏虎

【注意事项】

动作宜流畅自然，呼吸应均匀有序。

【临床应用】

此式可增强上肢、大腿、小腿及臀部肌肉的力量和耐力，用于提升整体身体素质，增强免疫力。此外，还可用于缓解焦虑情绪、放松心情。

第三十六式：转体崩拳

【操作方法】

接上式，起立上右脚，双拳内收，右拳向前出拳击打，左拳放于腰间。具体操作过程见图 2–37。

【操作效果】

“转体崩拳”式可开阔胸怀，宣肺理气。

1　　2

图 2–37　转体崩拳

【注意事项】

上击双拳宜迅猛有力，并做深呼吸。

【临床应用】

此式配合呼吸可宣肺理气，用于改善呼吸系统疾病及情志不舒等。

第三十七式：蹲步捣拳

【操作方法】

接上式，右腿回收，弯腰屈膝，双拳下落至双膝前下方。具体操作过程见图 2–38。

【操作效果】

“蹲步捣拳”式能强肾壮腰、舒筋活络，防治腰背疼痛。

1　　　　2

图 2–38　蹲步捣拳

【注意事项】

保持重心稳定，防止跌倒。

【临床应用】

此式久练可增强腰背肌功能，有效缓解腰背肌疼痛及腰肌劳损等。

第三十八式：马步飞拳

【操作方法】

接上式，展体向上，双臂向上方外展，双拳高于头顶，手背朝下。具体操作过程见图 2–39。

【操作效果】

“马步飞拳”式能畅达肺气，平喘止咳。

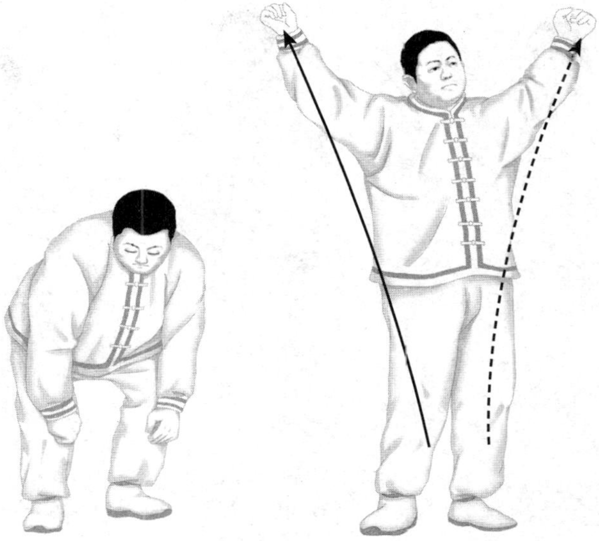

1　　2

图 2–39　马步飞拳

【注意事项】

动作不宜过快，幅度宜大，进而畅达呼吸。

【临床应用】

此式开阔胸怀，畅通气机，可用于防治咳嗽等呼吸系统疾病。

第三十九式：马步扣拳

【操作方法】

接上式，双拳翻转下落，屈肘合扣于胸前，拳心朝下，同时屈膝。具体操作过程见图 2-40。

【操作效果】

“马步扣拳”式可聚气于胸，补虚益肺。

图 2-40　马步扣拳

【注意事项】

双脚与肩平宽，重心放于腹部，保持身体平衡稳定。

【临床应用】

此式双手扣拳聚于胸中，可补益肺气，对于肺气虚弱的患者有一定益处。

第四十式：进步砸拳

【操作方法】

接上式，左腿向前跨步，转体向右后方轮臂，双拳划过头顶砸向左前方，左拳在前，右拳在后。具体操作过程见图 2-41。

【操作效果】

“进步砸拳”式能壮腰健肾，温补肾阳。

图 2-41　进步砸拳

【注意事项】

跨步不宜过大，轮臂有力自然。

【临床应用】

此式动作流畅、有力，可增强腰部力量，补益肾阳，可用于防治老年性尿频。

第四十一式：独步飞拳

【操作方法】

接上式，展体向上，提右膝，重心置于左脚，双拳砸向左上方。具体操作过程见图 2-42。

【操作效果】

展体可畅达全身气血，飞拳能振奋精神。

1　　2

图 2-42　独步飞拳

【注意事项】

注意重心稳定，出双拳如猛虎下山。

【临床应用】

此式可调畅气机，锻炼下肢力量，长期锻炼可以预防肝脏及下肢疾患。

第四十二式：左右撇拳

【操作方法】

接上式，双臂屈肘，收于胸前，右腿向前跨步，右拳向右猛击，左拳向后收回至胸前；左腿向前跨步，左拳向左猛击，右拳向后收回。具体操作过程见图 2-43。

【操作效果】

“左右撇拳”式能调和气血，健脾和胃。

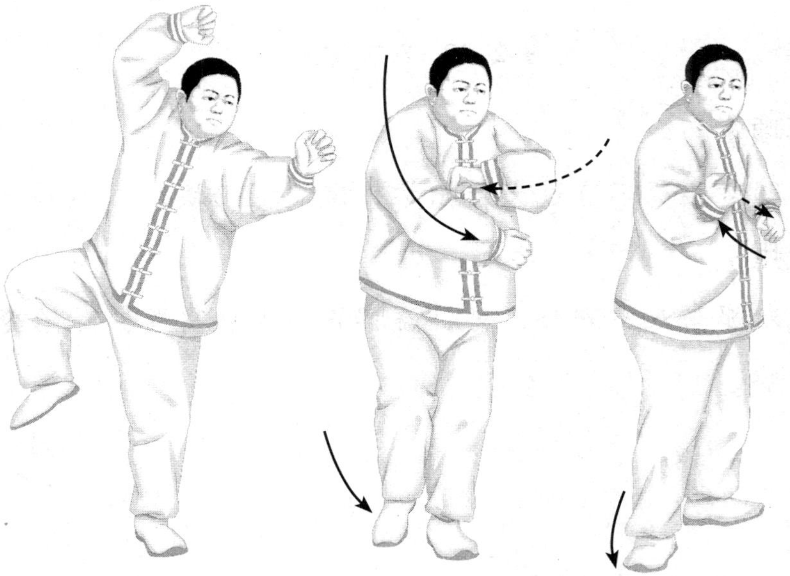

1　　2　　3

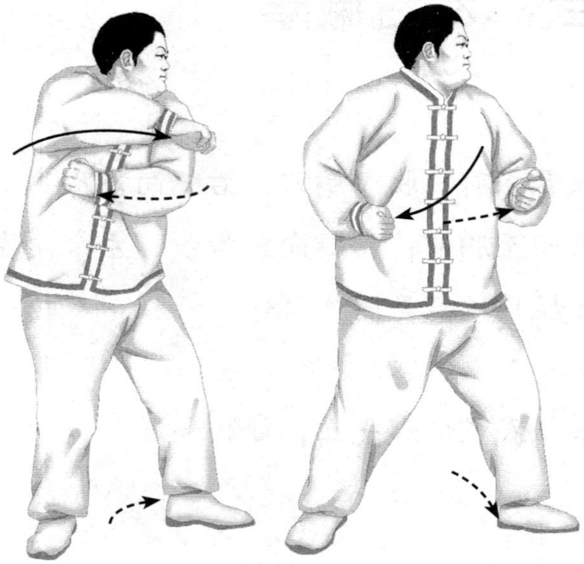

4　　5

图 2-43　左右撇拳

【注意事项】

双腿跨步距离不宜过大，出拳力道宜猛而快。

【临床应用】

此式双腿与双拳配合，可补益脾胃，调和胃气，防治呃逆、干呕等疾病。

第四十三式：转体扣拳

【操作方法】

接上式，右腿向前跨步，转体，两拳相扣，置于胸前。具体操作过程见图 2–44。

【操作效果】

两拳相扣，意念集中于双拳，可疏肝和胃，消滞除胀。

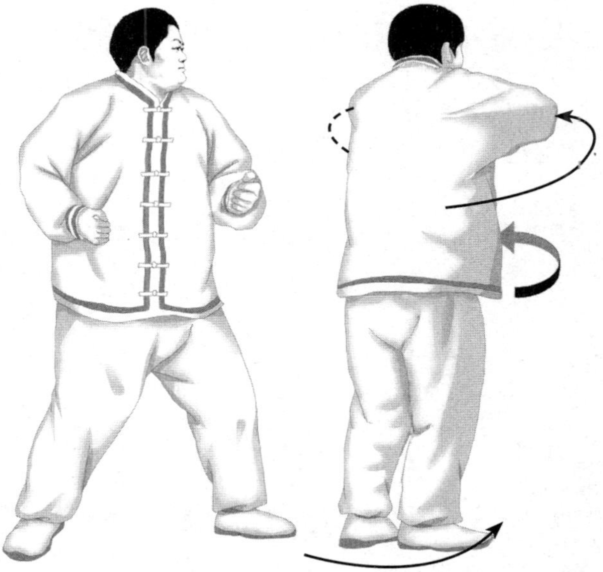

1　　2

图 2–44　转体扣拳

【注意事项】

跨步距离不宜过大，转体宜缓慢流畅，忌过快而导致头晕症状。

【临床应用】

此式带动全身转体，有利于促进消化，用于缓解消化不良等症状。

第四十四式：伏虎崩脚

【操作方法】

接上式，左拳抬高，约与头平齐，右手置于左胁部，提右膝，右脚踢向前方，右脚回收落地，同时以左脚跟为轴，身体向右回正。具体操作过程见图 2–45。

【操作效果】

“伏虎崩脚”式气贯脚尖，可疏肝利胆、活血通脉。

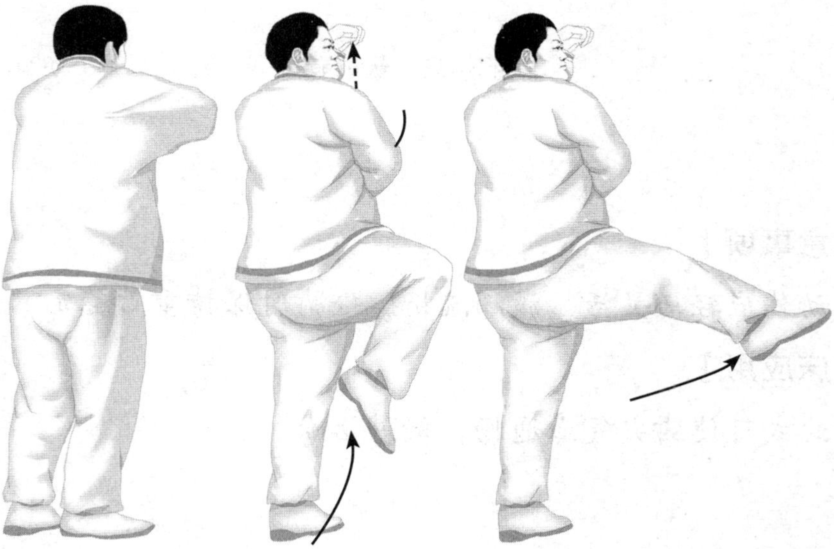

1　　2　　3

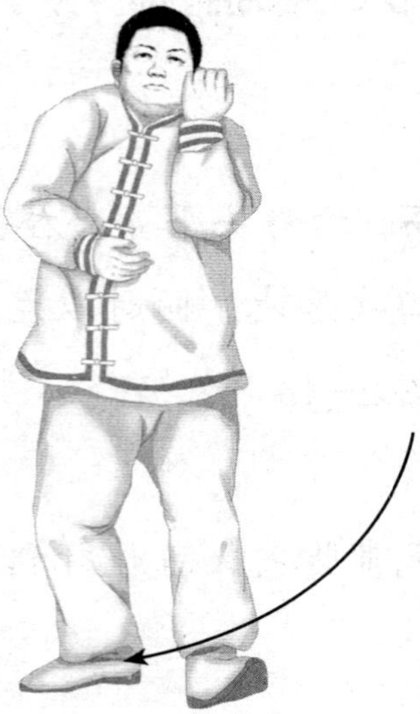

4

图 2-45　伏虎崩脚

【注意事项】

动作应轻巧灵活，潇洒流畅，蹬脚时保持重心稳定。

【临床应用】

此式可使脚尖气血通畅，舒筋活血。

第四十五式：伏虎蹬脚

【操作方法】

接上式，以右脚为轴，向右转体，右拳抬高，约与头平齐，左手置于腹前，提左膝，脚跟蹬于前方，左脚回收落地，同时以右脚跟为轴，身体向左回正。具体操作过程见图2-46。

【操作效果】

“伏虎蹬脚”式意念于足及拳，顺势而为，可补肾益气。

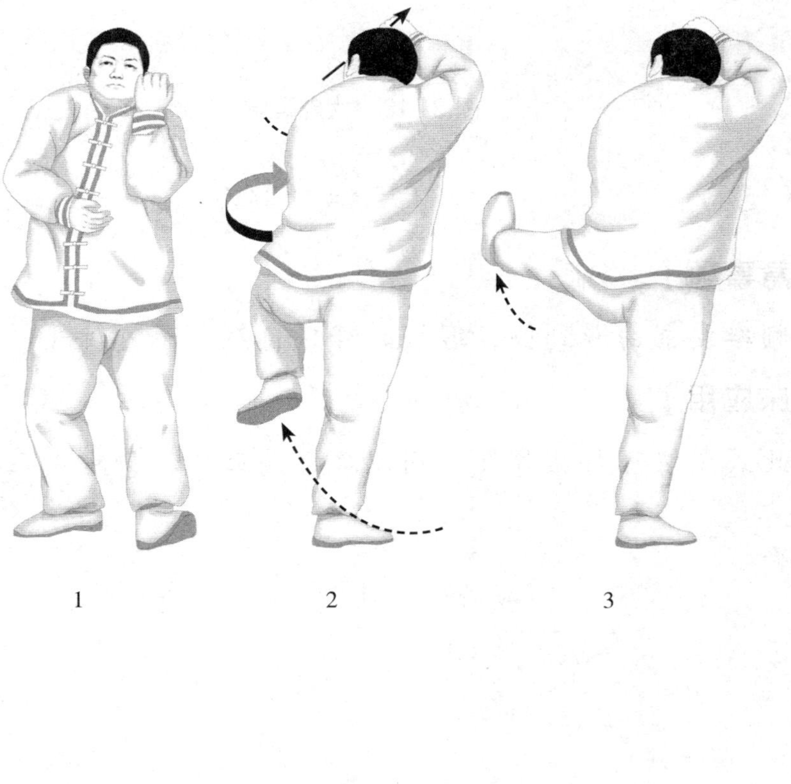

1　　2　　3

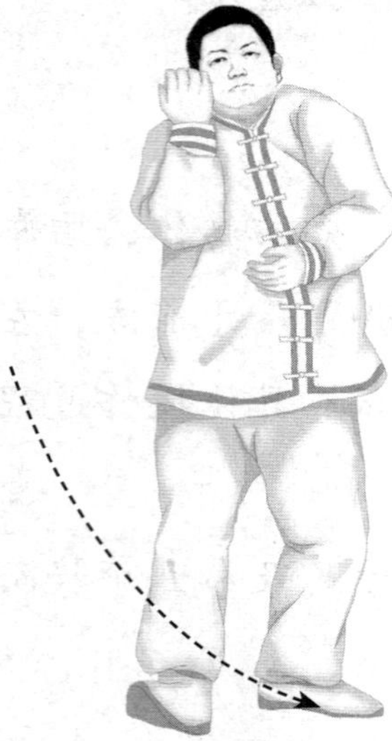

4

图 2–46　伏虎蹬脚

【注意事项】

频率要求由慢到快，锻炼时呼吸自然，不可屏气。

【临床应用】

此式久练可补益肾气，用以改善高血压、头晕等症状。

第四十六式：收式还原

【操作方法】

接上式，双臂外展，高于肩部，双手合于胸前，转松颈自然站立，双手放于身体两侧，目视前方，全身放松，外“八”字步，舌抵上腭，沉肩坠肘，鼻息口呼，静养调息时要心无杂念，意守丹田，呼吸深长、细匀。具体操作过程见图 2-47。

【操作效果】

收式还原，气归丹田。

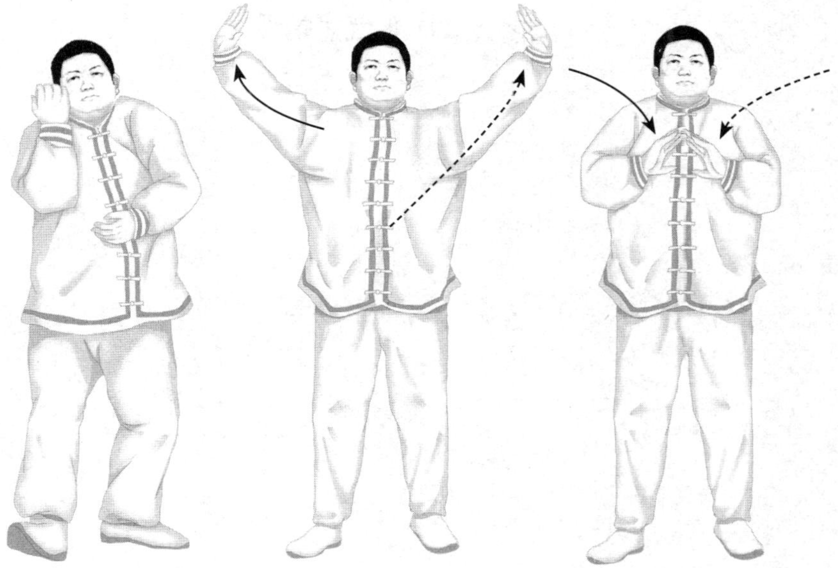

1　　2　　3

4

图 2-47　收式还原

下篇

第三章　古宋养生功在常见病中的应用

一、面神经麻痹后遗症

（一）概述

面神经麻痹是因为体内“正气”相对虚弱，头面部受风寒之邪侵袭导致筋脉失养而引起的周围性面瘫。中医称之为“面瘫”“口僻”等，属“中风”范畴。本病为神经科的常见病、多发病，任何年龄均可发病，但以 20 ~ 40 岁最为常见。任何季节均可发病。面瘫轻且治疗及时者，预后较好；面瘫持续时间越长，预后越差。

（二）疾病表现

1. *临床表现*　以口眼㖞斜为主要特征，多为单侧性，双侧同时发病的极少。

2. *诊察要点*　多有面部受凉、吹风病史。起病急骤，伴有患侧耳后、耳内、乳突或面部轻微疼痛，清晨洗漱时可发现口角流水，面部活动不灵活，口角歪斜；或于进食时发现食物积存于一侧齿颊间隙，并有口水从口角淌下。患侧面部表情肌瘫痪，眼睑闭合不能或不全，泪液分泌减少，患侧角膜反射消失，鼻唇沟变浅或平坦，口角下垂；患侧不能做闭目、皱眉、抬额、鼓气、噘嘴、露齿等动作。

（三）养生功锻炼

面神经麻痹后遗症的患者可通过“张口瞪眼”式锻炼，具体操作方法见静功按摩十八式中第十式，每日进行 5 ~ 7 个循环，中间休息 1 ~ 2 分钟（根据个人身体状况而定）。该式“口眼兼顾”，能够针对性地增强口角周围肌肉的功能，帮助改善口角歪斜的症状；且有助于锻炼眼睑肌肉，促进眼睑闭合功能的恢复，减少流泪和缓解眼睛无法闭合的症状；还能够促进面部肌肉的血液循环，有助于缓解面部肌肉紧张和僵硬，加速面瘫后遗症的康复过程；并且能通过刺激面部神经，改善神经传导功能，促进神经再生和修复，从而有助于面瘫后遗症的改善。

（四）预防与调护

（1）发病期间应避免局部遭受风寒之邪侵袭，可用口罩保护患部，保持温暖。

（2）急性期应立即采取措施改善局部血液循环，促进局部炎症、水肿的吸收和消退，以免面神经进一步受损。

（3）经常局部按摩，尽早进行患侧面部肌肉运动，以利于尽早恢复。

二、肱二头肌肌腱炎

（一）概述

肱二头肌肌腱炎是一种因肱二头肌长头肌腱反复摩擦或过度活动导致的炎症性疾病。其主要病因包括频繁过度劳损、外伤，以及长期的摩擦或过度活动。这种病症常发生于那些需要频繁使用手臂的人群，如运动员、重体力劳动者等。发病时，患者会感到肩部前方的肱二头肌沟处有明显的疼痛，并伴有压痛和肩关节活动受限。

（二）疾病表现

肱二头肌肌腱炎的临床表现主要包括疼痛、关节卡压及睡眠障碍。疼痛通常位于肩部前方的肱二头肌沟上，且会持续加重。随着病情的发展，患者可能会感到关节活动变得困难，甚至出现肌肉萎缩和“冻结肩”的情况。诊察时，医生会根据患者的症状、体征及可能的诱发因素进行综合判断。

（三）养生功锻炼

肱二头肌肌腱炎的患者可通过“托肘打肩”式锻炼，具体操作方法见静功按摩十八式中第十六式，每日进行 5 ~ 7 个循环，中间休息 1 ~ 2 分钟（根据个人身体状况而定）。“托肘打肩”式可以有效地锻炼肱二头肌，增强肌肉力量，并促进炎症的消退。但请注意，锻炼时应根据个人情况调整强度和次数，避免过度劳损。

（四）预防与调护

肱二头肌肌腱炎的预防，关键在于避免过度劳损和外伤。生活中，应注意保暖，避免肩部受凉；避免频繁提举重物，尤其是40 岁以上的人群；保持正确的坐姿和站姿，避免长时间保持同一姿势。饮食上，建议多摄入富含蛋白质和维生素的食物，有助于肌肉的恢复和增强。此外，保持良好的心态和充足的睡眠对病情的恢复也有积极作用。

三、肱骨内上髁炎

（一）概述

肱骨内上髁炎又称“高尔夫球肘”，是指前臂屈肌总腱起点受到反复牵拉，导致肘关节内上髁部局限性疼痛，并影响屈腕和前臂旋转功能的慢性劳损性疾病。本病多因慢性劳损致肱骨内上髁处形成急、慢性炎症引起。例如长期劳累，使腕屈肌的起点反复受到牵拉刺激，引起部分撕裂和慢性无菌性炎症等病理改变。本病属于中医“痹证”范畴，是由于劳损后气血虚弱，风、寒、湿邪侵袭而瘀阻经筋所致。

（二）疾病表现

1. *临床表现*　多数患者起病缓慢，初起时在劳累后偶感肘内侧疼痛，日久加重，并向前臂掌侧放射。可有轻度肿胀，较重时局部可有微热。肘部僵硬，肘关节不能充分伸展，手和手腕无力，尤其是抓握时。

2. *诊察要点*　做抗阻力腕关节掌屈和前臂旋前动作时可引起患处疼痛，即抗阻力屈腕前臂旋前试验阳性。X线检查多为阴性，病程较长者可见肱骨内上髁部骨质密度增高的钙化阴影或骨膜肥厚影像。

（三）养生功锻炼

肱骨内上髁炎的患者可以通过“顺水推舟”式来锻炼，具体操作方法见动功拳法四十六式中第十式，每日2次，每次20分钟。患肘可进行旋前、旋后动作而通利关节、解痉止痛。养生功锻炼能够牵动腰部肌群、肘部旋后肌肉与桡侧腕长伸肌，改善肱骨外上髁炎症区域破坏及粘连。

（四）预防与调护

应尽量避免剧烈的前臂旋转和屈腕动作及过度劳累。疼痛发作期应减少活动，必要时可选择三角巾悬吊等方法做适当固定，疼痛明显缓解后应及时解除固定，并逐渐开始肘关节功能锻炼，但要注意避免做使屈肌总腱受到明显牵拉的动作。

四、肱骨外上髁炎

（一）概述

肱骨外上髁炎是以肱骨外上髁部局限性疼痛，并影响伸腕和前臂旋转功能为特征的慢性劳损性疾病。本病称谓较多，如肱桡关节滑囊炎、肱骨外上髁骨膜炎、肱骨外上髁综合征等，因网球运动员较常见，故又称“网球肘”。多因慢性劳损致肱骨外上髁处形成急、慢性炎症引起。亦有学者认为本病是由伸肌总腱处穿出的神经、血管受压所致。多见于从事前臂及腕部活动强度较大的劳作者，如砖瓦工、木工、网球运动员及家庭妇女等。

（二）疾病表现

1. 临床表现　以肘后外侧疼痛为主要症状，起病缓慢，肘关节外侧逐渐出现疼痛，握物无力，用力握拳及做前臂旋转动作时疼痛加重，严重时疼痛向前臂或肩臂部位放射，肘关节活动正常，局部红肿不明显。轻者，轻微症状时隐时现，有的经数日或数月自然痊愈。重者则反复发作，疼痛为持续性，前臂旋转及握物无力，局部可出现轻微肿胀。

2. *诊察要点*　起病缓慢，初起时在劳累或做某一动作时偶感肘外侧酸胀疼痛，休息后缓解；随着病情的加重，做拧毛巾、扫地、端壶倒水等动作时疼痛加剧，前臂无力，甚至持物落地。日久转为持续性疼痛，可向上臂及前臂放射，影响肢体活动。肱骨外上髁及肱桡关节间隙处有明显的压痛点，压痛可沿桡侧伸肌总腱方向扩散，肘关节伸屈活动无障碍，少数患者局部轻度红肿。腕伸肌紧张试验阳性。X 线检查多未见异常，偶见肱骨外上髁处骨质密度增高的钙化阴影或骨膜肥厚影像。

（三）养生功锻炼

肱骨外上髁炎的患者可以使用“鹰击长空”式锻炼，具体操作方法见动功拳法四十六式中第三式，每日 3 次，每次 10 分钟。练功时，肘部前臂伸肌及腕部肌腱保持紧绷，使肘关节不断来回屈伸，以此来锻炼前臂肌肉，增加静止状态下肌肉的力量，增强肘关节的稳定性，同时还可促进局部血液循环，减少炎症的刺激，缓解患者的疼痛症状。

（四）预防与调护

肱骨外上髁炎是由于频繁做前臂旋前和伸腕动作，腕伸肌的起点反复受到牵拉刺激而引起，因此应尽量避免这两个动作和过度劳累。疼痛发作期应减少活动，采取局部制动，必要时可选择三角巾悬吊等方法做适当固定，疼痛明显缓解后应及时解除固定，并逐渐开始肘关节功能活动，但要避免使伸肌总腱受到明显牵拉的动作。

五、肘管综合征

（一）概述

肘管综合征是因各种原因导致肘部尺神经受压而出现的尺神经支配区感觉异常，与肘部慢性反复劳损及软组织退行性改变有关。尺神经受损、肘管内骨质异常、骨折复位不良、肘关节外翻畸形等是导致肘管综合征发生的主要原因。本病多见于成年人，男性多于女性，且多发于睡眠习惯不良、长期伏案工作、数月或数年前可能有创伤史及长期体力劳动的人群。中医认为，肘管综合征患者之所以会出现筋肉痿软及手指麻木疼痛不适的症状，主要是因气血不足导致筋失所养造成的。

（二）疾病表现

1. 病史　有肱骨髁上骨折外伤史或慢性劳损病史。

2. 辅助检查　常规 X 线片可见肘外翻，局部有移位骨块或骨质异常增生。

3. 电生理检查　发现肘下尺神经传导速度减慢，小鱼际肌及骨间肌肌电图异常。

（三）养生功锻炼

肘管综合征的患者可以通过“旋风突起”式来锻炼，具体操作方法见动功拳法四十六式中第二十七式，每日 2 次，每次 20 分钟。通过肘关节前臂的旋前和旋后锻炼，减轻肘管尺神经的局部压迫及水肿，促进局部血液循环，刺激局部肌肉，从而恢复受损的肌肉力量和稳定性。

（四）预防与调护

平时养成良好的睡眠习惯，避免肘部长时间受压；长时间伏案人员肘部使用软垫，减轻肘管刺激；肘部骨折，尤其是肱骨髁上骨折治疗时应尽量较好地进行复位，避免形成肘关节外翻、内翻畸形。

六、腕管综合征

（一）概述

腕管综合征是指正中神经在腕管内受到挤压所引起的一组症状和体征。现代医学认为，其病因大致分为腕管内容物体积的增大、腕管容积的减小。中医认为，本病由于急性损伤或慢性劳损使血瘀经络，或因寒湿淫筋，风邪袭肌，致气血流通受阻而引起。

（二）疾病表现

1. 临床表现　腕部有急、慢性损伤；拇指、示指和中指有刺痛、麻木及感觉障碍；夜间、劳累后或腕部温度增高疼痛加剧；或有正中神经供给范围内的营养障碍。

2. 诊察要点　屈腕试验阳性，叩诊试验阳性，止血带试验阳性。肌电图检查显示大鱼际出现神经性变化，特别是有放射性疼痛和手部感觉区有可疑者更有诊断价值。X 线检查，极少患者可能有腕骨骨折脱位、腕部骨质增生、桡骨下端陈旧性骨折等。

（三）养生功锻炼

腕管综合征的患者可以通过“猿猴摘桃”式来锻炼，具体操作方法见动功拳法四十六式中第十九式，每日2次，每次20分钟。此式意念集中于手指间，目光集中于左前方，身体保持平衡并放松，深呼吸。通过养生功锻炼，奏温通经脉、行气活血、消肿止痛之效，可有效缓解由压迫引起的疼痛症状。

（四）预防与调护

避免腕部处于过伸位或施加过大的压力于正中神经；经常使用电脑的患者可通过调整电脑键盘的角度缓解症状；佩戴腕部夹板使手腕处于正中位（尤其是在夜间）；服用温和的止痛剂对缓解症状也有一定帮助。

七、落枕

（一）概述

落枕又称“失枕”，是指睡醒后出现的以颈部疼痛、颈项僵硬、转侧不便为主要表现的颈部软组织损伤。落枕是颈部常见的筋伤之一，本病好发于青壮年，男性多于女性，冬、春两季发病较多。落枕多为因睡眠时枕头过高或过低、过硬，或睡姿不良，头颈过度偏转，使颈部肌肉长时间受到牵拉，处于过度紧张状态而发生的静力性损伤。平素缺乏筋肉锻炼，身体衰弱、气血不足或气血循行不畅，筋肉舒缩活动失调者易患落枕。

（二）疾病表现

1. *临床表现*　本病常在睡醒后出现颈部疼痛，多为一侧，活动时加重，头常歪向患侧，仰头、点头及转头等颈部活动受限，颈项不能自由旋转，转头时常与上身同时旋转，以腰部代偿颈部的旋转活动，向患侧活动受限尤为明显。疼痛可向肩背部放射，颈部肌肉痉挛压痛明显。

2. *诊察要点*　颈项部肌肉疼痛紧张，常可触及胸锁乳突肌、斜方肌或肩胛提肌痉挛。颈项部受累肌肉有明显压痛。X线检查一般无明显改变，由于颈部肌肉痉挛，头颈不可歪斜，X线片可见颈椎侧弯，颈椎生理弧度改变为平直甚至反张。

（三）养生功锻炼

落枕患者可以通过“力推双山”式来锻炼，具体操作方法见动功拳法四十六式中第十二式，每日2次，每次30分钟。本病治疗方法主要是通过练功来缓解肌肉僵硬，解除局部肌肉痉挛。通过养生功锻炼能有力缓解落枕带来的酸痛之感，左右两侧反复练习，能够恢复血运，提升正气，驱邪外出。

（四）预防与调护

避免不良睡眠姿势。枕头不宜过高或过低、过硬。睡眠时不要贪凉，以免受风寒侵袭。落枕后尽量保持头部于正常位置，以松弛局部的肌肉。久坐伏案工作者，要经常起身抬头活动颈部，或做颈部保健操，防止颈部慢性劳损。此外，平时应积极进行颈部功能活动，可做颈部前屈、后仰、左右侧弯、左右旋转等活动锻炼。

八、颈椎病

（一）概述

颈椎病是指因慢性劳损或急性外伤引起颈椎骨质增生、颈项韧带钙化、颈椎间盘退行性改变等，刺激或压迫颈部神经、脊髓、血管而产生的一系列症状和体征的综合征。中医学中虽然没有颈椎病的提法，但其相关症状可见于“痹证”“痿证”“项强”“眩晕”等方面的论述。本病多见于40岁以上中老年患者。

（二）疾病表现

1. 临床表现　大多数患者会逐渐感到颈部单侧局限性疼痛，颈根部呈电击样疼痛，向肩、上臂、前臂乃至手指放射，且有麻木感，或以疼痛为主，或以麻木为主。疼痛呈酸痛、灼痛或电击样痛，颈部后伸、咳嗽，甚至增加腹压时疼痛可加重。上肢沉重、酸软无力，持物易坠落。部分患者可有头晕、耳鸣、耳痛、握力减弱及肌肉萎缩，此类患者的颈部常无疼痛感觉。

2. 诊察要点　颈部活动受限、僵硬，颈椎横突尖前侧有放射性压痛，患侧肩胛骨内上部也常有压痛点，部分患者可摸到条索状硬结，受压神经根皮肤节段分布区感觉减退，腱反射异常，肌力减弱。臂丛神经牵拉试验阳性，颈椎间孔挤压试验阳性。

（三）养生功锻炼

颈椎病患者可进行“左右摇颈”式锻炼，具体操作方法见静功按摩十八式中第六式，每日 3 ~ 5 次，每次 15 分钟，中间休息 1 ~ 2 分钟（根据个人身体状况而定）。该式可使颈部的肌肉和韧带得到适当的拉伸和锻炼，从而增强其韧性及张力，有助于减少颈椎对椎间盘的持续压迫。同时还可以维持及改善颈椎的生理曲度，增强颈椎的稳定性，缓解因颈椎病引起的颈部疼痛和不适感。此外，通过促进颈部血液循环，调节全身气血运行，缓解肌肉紧张和疼痛，降低颈椎病的复发率，减少颈椎的损伤和炎症反应。

（四）预防与调护

合理用枕，选择合适高度与硬度的枕头，保持良好睡眠体位。长期伏案工作者，应注意经常做颈项部的功能活动，以避免颈项部长时间处于某一低头姿势而发生慢性劳损。急性发作期应注意休息，以静为主，以动为辅，也可用颈围或颈托固定 1 ~ 2 周。慢性期以活动锻炼为主。颈椎病病程较长，非手术治疗症状易反复。

九、肩关节周围炎

（一）概述

肩关节周围炎是指因肝肾渐衰、气血亏虚、筋肉失于濡养、局部组织退变，以肩痛、肩关节活动障碍为主要特征的筋伤，简称“肩周炎”。其病名较多，因睡眠时肩部受凉引起的称为“漏肩风”或“露肩风”；肩部活动明显受限，形同冻结者称为“冻结肩”；因该病多发于 50 岁左右的患者，又称为“五十肩”；还有称“肩凝风”“肩凝症”。女性发病率高于男性，多为慢性发病。

（二）疾病表现

1. 临床表现　多数患者呈慢性发病，隐匿进行，少数有外伤史。病症初发时轻微，以后逐渐加重，疼痛一般以肩关节的前、外侧部为重，多为酸痛、钝痛或呈刀割样痛，夜间尤甚，影响睡眠；疼痛可牵涉至同侧的颈背部、肘部或手部，症状可因肩臂运动加重。肩关节各方向运动受限，但以外展、外旋、后伸障碍为著，重者出现典型的“扛肩”现象。

2. 诊察要点　肩部无明显肿胀，肩周肌肉痉挛，病程长者可见肩臂肌肉萎缩，尤以三角肌明显；压痛部位多在肩峰下滑囊、结节间沟、喙突、大结节等处，亦常见广泛性压痛而无局限性压痛点；肩关节外展试验阳性。X 线检查多无异常，但对鉴别诊断有意义，有时可见骨质疏松、冈上肌腱钙化或大结节处有密度增高的阴影。

（三）养生功锻炼

肩周炎患者可进行“前后摇肩”式锻炼，具体操作方法见静功按摩十八式中第四式，每日 5 ~ 8 次，每次 10 分钟，中间休息 1 ~ 2 分钟（根据个人身体状况而定，次数可连续进行，亦可间断进行）。该式不仅可以帮助缓解因肩周炎引起的肩部疼痛和僵硬，还可以通过活动肩部关节，逐渐增大关节的活动范围，以改善关节的灵活性，并增强肩部肌肉的力量，包括三角肌、冈上肌等，以增强肩部的稳定性和功能。促进肩部组织的血液循环，帮助缓解肩部组织的缺血和缺氧状态，加速炎症的吸收和消退，有利于肩周炎的康复。

（四）预防与调护

肩周炎有自愈倾向，其自然转归期多在数月至 2 年左右。初始时疼痛和僵硬缓慢加重，达到某种程度后逐渐缓解，但自然病程长、疗效慢、痛苦大、功能恢复不全，且治愈后有可能复发。因此，要加强自主练功活动，以增进疗效，缩短病程；注意肩部保暖，避免风、寒、湿邪侵袭；坚持适当运动，以增强肩关节周围肌肉和肌腱的强度。急性期应减少肩关节活动，减轻持重，必要时采取一些固定和镇痛措施；慢性期以积极进行肩关节功能锻炼为主。

十、冈上肌腱炎

（一）概述

冈上肌腱炎又名冈上肌腱综合征、肩外展综合征，是指劳损或外伤后逐渐引起冈上肌腱退行性改变所造成的慢性无菌性炎症反应的病症，好发于中年人。冈上肌腱炎的病因主要是慢性劳损，与肩部外伤和感受风、寒、湿邪及肝阴亏虚有关。肝阴亏虚、血不荣筋是本病发生的根本原因。肩部急性外伤或感受风、寒、湿邪，局部气血瘀滞，筋膜粘连，使冈上肌腱受到挤压和摩擦，形成肌腱无菌性炎症而发为本病。

（二）疾病表现

1. 临床表现　①以肩峰大结节处为主的疼痛，并可向颈、肩和上肢放射。肩外展时疼痛尤著，因而患者常避免这一动作。②肩关节活动受限，以肩关节外展至 60° ～ 120° 时引起明显疼痛为主要特征，当大于或小于这一范围及肩关节其他活动不受限制时，亦无疼痛，这与肱二头肌肌腱炎和肩周炎明显不同。③压痛。在冈上肌起止部的大结节处常有压痛，并随肱骨头的旋转而移动。局部封闭可使疼痛立刻消失，借此有助于诊断。

2. *诊察要点* 一般起病缓慢，可能有轻微外伤史或受凉史。检查肱骨大结节部有明显压痛。肩关节“疼痛弧”试验阳性，为冈上肌腱炎特有体征。重症患者可有肌肉萎缩。X线检查一般无异常改变，有时可见冈上肌腱钙化阴影。磁共振成像（MRI）检查可见冈上肌腱周围有高信号水肿影或肌腱信号减低。

（三）养生功锻炼

冈上肌腱炎的患者可以使用“天王托塔”式锻炼，具体操作方法见动功拳法四十六式中第九式，每日2次，每次20分钟。“天王托塔”式可以充分活动和放松肩关节及肘关节，并刺激三角肌、斜方肌、冈上肌、冈下肌、肩胛下肌及小圆肌，以增强肩关节周围肌肉力量，促进肩部血液循环，减轻疼痛和肿胀，并缓解患者肌肉无力和关节僵硬。

（四）预防与调护

中老年人，尤其是平时缺乏锻炼者，在肩部活动时要避免突然、强力的动作，特别是在大角度的外展、后伸、上举等动作时更要注意，以防止本病的发生。发病后肩部疼痛明显时，应避免上肢外展、外旋等用力动作，要注意肩部保暖避寒；中后期肩痛缓解后，逐步开始练功锻炼。

十一、胸椎小关节紊乱症

（一）概述

胸椎小关节紊乱症是指在外力的作用下，胸椎小关节发生错移，出现以局部疼痛、功能障碍为主要临床表现的疾病。胸段脊柱因有胸廓的其他组织加固，比颈、腰段脊柱稳定，故损伤错位的机会较少。但胸椎间盘及其椎间韧带等组织的退变，会减弱胸段脊柱的稳定性，从而增加损伤的机会。如受到强大外力的挤压、用力过猛的扭转或睡眠姿势不当等，均可造成胸椎后关节的移位、肋椎关节的错缝或半脱位，从而刺激肋间神经或胸神经后支，出现急性背部、胸部疼痛。久之，这些错位的关节及其周围肌肉组织发生无菌性炎症改变，引起慢性背部疼痛。

（二）疾病表现

1. *临床表现*　急性期表现为单侧或双侧后背部酸困疼痛。偏歪椎体周围压痛明显，有的患者平卧或趴下时感觉疼痛加重。当压迫或刺激肋间神经或胸神经后支时，会出现沿着肋间隙、胸前部或侧腹部的放射性疼痛。慢性期表现以后背部酸痛、沉重感为主。久站、久坐、稍久弯腰或天气变冷可诱发症状或加重原症状。多数患者活动正常，少数活动受限。查体时，受累椎体棘突及椎旁有压痛或明显压痛。

2. *诊察要点*　有外伤史或长期姿势不当（骤然上举、长期伏案、扭身等）。①触诊：错位节段胸椎棘突有明显压痛、叩击痛或偏歪（超过 1 mm）。棘突旁（约 1.5 cm）软组织可有不同范围和程度的紧张，甚至痉挛，触之常可感觉有条索状物，压之疼痛。② X 线平片、CT 影像检查：由于胸椎小关节紊乱症属于小关节解剖位置上的细微变化，其 X 线平片常不易显示。X 线平片、CT 影像检查可排除胸椎结核、肿瘤、骨类风湿等。

（三）养生功锻炼

胸椎小关节紊乱症患者可以通过“童子拜佛”式来锻炼，具体操作方法见动功拳法四十六式中第二式，每日 2 次，每次 20 分钟。胸椎是两肩部向左右转动的中心轴，也是头部向前、向后纵向运动的主要支撑部位。通过养生功锻炼，可以有效地拉伸胸部椎间隙，减轻胸椎关节压力，恢复其椎体旁肌肉力量，减轻身体损伤。此外，养生功锻炼还可促进局部血液循环，在一定程度上缓解因外力引起的胸椎小关节紊乱所导致的局部疼痛症状。

（四）预防与调护

患者应加强锻炼，增强前胸、腹部及腰背部肌群力量，增强椎体稳定性；定期检测骨密度，预防骨质疏松，延缓骨质增生的出现；在季节交替时应注意防寒保暖，杜绝风、寒、湿邪侵袭；在日常活动前做好准备工作，切忌大幅度动作。

十二、腰椎间盘突出症

（一）概述

腰椎间盘突出症，中医上归属于“腰痛”范畴，是指以因外感、内伤或闪挫导致腰部气血运行不畅，或失于濡养，引起腰脊或脊旁部位疼痛为主要表现的病症。西医上又称为腰椎间盘纤维环破裂髓核突出症，是指因腰椎间盘发生退变，在外力作用下使纤维环破裂、髓核突出，刺激或压迫神经根，从而引起以腰痛及下肢坐骨神经放射痛为特征的疾病。

（二）疾病表现

1. 临床表现　患者腰痛和一侧下肢放射痛，脊柱侧弯畸形，脊柱活动受限，腰部压痛伴有放射痛，直腿抬高试验阳性等。

2. 诊察要点　①有腰部扭伤后突发的腰腿痛，咳嗽、打喷嚏时加重。②有典型的直腿抬高试验加重疼痛的体征，腿部和足部有麻木区，膝与跟腱反射减弱，伸踝、伸踇趾无力。③影像学检查支持诊断，实验室检查无特殊发现，排除腰椎结核、强直性脊柱炎、脊髓与马尾肿瘤引起的腰腿痛。

（三）养生功锻炼

腰椎间盘突出症患者可以使用“美人照镜”式锻炼，具体操作方法见动功拳法四十六式中第四式，每日3次，每次20分钟。“美人照镜”式是以腰为轴的脊柱旋转屈伸运动，同时带动四肢及内脏的运动，从而增强对肌肉韧带的锻炼。通过对脊柱的牵伸扭转运动，可促进腰部血液循环，在一定程度上可减轻水肿和疼痛。

（四）预防与调护

急性期应严格卧硬板床3周，手法治疗后亦应卧床休息，使损伤组织修复。疼痛减轻后，应注意加强腰背肌锻炼，以巩固疗效。久坐、久站时可佩戴腰围保护腰部，避免腰部过度屈曲或劳累或受风寒。弯腰搬物姿势要正确，避免腰部扭伤。改善居住环境，做到饮食起居有节。注重心理调护，充分调动患者的治疗积极性。

十三、第三腰椎横突综合征

（一）概述

第三腰椎横突综合征是由于第三腰椎横突上附着的软组织因劳损、拉伤等致病因素，导致软组织撕裂、出血，产生无菌性炎症反应，刺激周围神经而形成。中医将本病归属于“腰痛”范畴。本病常见于体力劳动者，近年好发于久坐办公群体。

（二）疾病表现

有腰部扭伤史或慢性劳损史，也可能无任何诱因。多表现为腰部疼痛及同侧肌紧张或痉挛，腰部及臀部弥漫性疼痛，压迫该处可引起同侧下肢反射痛，但反射痛的范围多不过膝。腰部活动时或活动后疼痛加重，有时患者翻身及行走均感困难，晨起或弯腰时疼痛加重，腰部功能多无明显受限。X线检查可见一侧或双侧第三腰椎横突过长，或左右横突不对称，或向后倾斜，或有横突末端骨密度增高表现。

（三）养生功锻炼

第三腰椎横突综合征的患者，可以通过“蹲步捣拳”式来锻炼，具体操作见动功拳法四十六式中第三十七式，每日2次，每次20分钟。“蹲步捣拳”式能够充分舒筋活络，强腰膝，壮筋骨，利关节。锻炼该式可拉伸腰背肌，增强腰背肌力量，从而缓解第三腰椎横突综合征引起的局部肌肉疼痛。

（四）预防与调护

（1）注意腰部保暖，避免风、寒、湿邪侵袭。

（2）长期久坐人群应避免长时间久坐，注意活动腰部，加强锻炼，增强腰背部肌肉力量。

（3）体力劳动者要注意休息，避免劳累过度。

十四、慢性腰肌劳损

（一）概述

慢性腰肌劳损是指因劳累过度的积累性损伤或急性损伤迁延、风寒湿邪侵袭及先天性畸形等原因导致腰部肌肉、韧带、筋膜等软组织的无菌性炎症，从而引起以腰痛为主要症状的慢性伤病。本病多见于中老年人，近年来发现青壮年发病也占相当比例，常与职业或工作环境有密切关系，是引起腰痛最常见的损伤疾患之一。

（二）疾病表现

1. 临床表现　多有腰部急性损伤迁延或腰部慢性劳损史。腰部隐痛反复发作，劳累后加重，休息后缓解。弯腰困难，若勉强弯腰则疼痛加剧，适当活动或经常变换体位后腰痛可减轻。腰部喜暖怕凉，腰痛常与天气变化有关。常喜两手捶腰，以减轻疼痛。

2. 诊察要点　检查脊柱外形一般无异常，有时可见腰椎生理性前曲变浅，严重者腰部功能可略受限。单纯性腰肌劳损的压痛点常位于棘突两旁的竖脊肌处、髂嵴后部或骶骨后面的竖脊肌附着点处。若有棘上或棘间韧带劳损，压痛点则位于棘突上或棘突间。直腿抬高试验阴性，神经系统检查无异常。X 线检查多无异常改变，部分患者可有脊柱腰段的轻度侧弯，或有腰椎、骶椎先天性畸形，或伴有骨质增生。

（三）养生功锻炼

慢性腰肌劳损的患者可通过“交换重心”式来锻炼，具体操作见静功按摩十八式中第一式，每日 3 ~ 5 次，每次 20 分钟，中间休息 1 ~ 2 分钟（根据个人身体状况而定）。“交换重心”式可增强腰部肌肉的力量和稳定性，防止肌肉张力失调，改善腰部的活动能力，缓解腰部僵硬；并通过松髋、松腰，交换重心，以调节脊柱的内外平衡，增强脊柱的稳定性，从而预防或缓解慢性腰肌劳损引起的疼痛等症状。

（四）预防与调护

（1）注意腰部的正确姿势，经常变换体位，避免久坐久站。

（2）加强日常腰背肌功能锻炼，增强体质及腰背肌力量。

（3）注意腰部保暖，避免风、寒、湿邪侵袭。

（4）若发现急性扭伤，应及时治疗，防止迁延成为慢性劳损。

十五、强直性脊柱炎

（一）概述

强直性脊柱炎（AS）是以脊柱为主要病变部位的慢性病，累及骶髂关节，引起脊柱强直和纤维化，造成不同程度的眼、肺、肌肉、骨骼病变，是自身免疫性疾病。本病在中医上归属于“风湿病”“痹证”“大偻”等范畴。西医对强直性脊柱炎的病因未有明确阐释，认为其很可能在遗传因素的基础上受环境因素（包括感染）等多方面的影响而致病。中医认为本病因“虚”“邪”“瘀”致病，其病机为肝肾亏虚，寒湿痹阻，痰瘀互阻。

（二）疾病表现

1. 临床表现

（1）腰和（或）脊柱、腹股沟、臀部或下肢酸痛不适，或有不对称性外周关节炎，尤其是下肢关节炎，症状持续≥6周。

（2）夜间痛或晨僵明显。

（3）活动后缓解。

（4）足跟痛或其他肌腱附着点病变。

（5）虹膜睫状体炎的临床表现或既往史。

（6）强直性脊柱炎家族史或 *HLA-B27* 基因突变（*HLA-B27* 阳性）。

（7）非甾体抗炎药能迅速缓解症状。

2. 影像学或病理学表现

（1）双侧 X 线片显示骶髂关节炎≥Ⅲ期。

（2）双侧 CT 显示骶髂关节炎≥Ⅱ期。

（3）CT 显示骶髂关节炎不足Ⅱ级者，可行 MRI 检查。如表现为软骨破坏、关节旁水肿和（或）广泛脂肪沉积，尤其动态增强检查显示关节或关节旁增强强度＞ 20%，且增强斜率＞ 10%/min 者。

（4）骶髂关节病理学检查显示炎症。

诊断符合临床表现中第（1）项及其他任意三项，以及影像学或病理学表现的任何一项者，可诊断为强直性脊柱炎。

（三）养生功锻炼

强直性脊柱炎患者可以通过“交换重心”式来锻炼，具体操作方法见静功按摩十八式中第一式，每日 3 次，每次 20 分钟。锻炼该法可放松脊柱周围的肌肉，在一定程度上改善关节功能、缓解疼痛，对强直性脊柱炎的预防、治疗及预后都有一定效果。

（四）预防与调护

患者应避免强力负重使病变加重；避免长时间保持一个姿势不动；若要长时间坐着，至少每小时要起来活动 10 分钟；勿用腰背束缚器（会减少活动），以免使病情恶化；睡觉时避免垫枕头，不睡软床，最好是平躺，保持背部直立；清晨起床脊背僵硬时，可用热水浴来改善。热敷对于缓解局部疼痛有一定疗效。

避免抽烟，以免造成肺部伤害；慎防外伤，开车时一定要系上安全带；在寒冷、潮湿的季节，更应防范症状复发；胃肠道及泌尿道的感染常诱发脊柱炎，故应注意饮食卫生，多喝开水，多吃青菜、水果，避免憋尿及便秘。

十六、梨状肌综合征

（一）概述

梨状肌综合征是指因间接暴力如闪、扭、跨越、反复下蹲等动作及慢性劳损，以及风寒侵袭等导致梨状肌损伤后刺激或压迫坐骨神经引起的以一侧臀部及腿部疼痛为主要症状的病症。梨状肌的体表投影：从尾骨尖至髂后上棘作连线，此线中点向股骨大转子顶点作连线，此直线刚好为梨状肌下缘。本病多见于青年人和中年人，是临床腰腿痛的常见病症之一。

（二）疾病表现

1. 临床表现　主要症状是臀部疼痛，可向小腹部、大腿后侧及小腿外侧放射。疼痛多发生于一侧臀部及腿部，髋关节内旋、内收活动时疼痛加重。严重者自觉臀部有“刀割样”或“烧灼样”疼痛，大、小便或大声咳嗽等引起腹压增高时可使疼痛加剧，睡卧不宁，甚至走路跛行。偶有会阴部不适，小腿外侧麻木。

2. 诊察要点　患者腰部无明显压痛和畸形，活动不受限；梨状肌肌腹有压痛，可触及条索状隆起的肌束或痉挛的肌肉，有钝厚感，或者肌腹呈弥漫性肿胀，肌束变硬、坚韧，弹性减低，臀肌可有轻度萎缩，沿坐骨神经可有压痛。在直腿抬高试验中，患者直腿抬高小于 60° 时，梨状肌被拉紧，疼痛明显；而大于 60° 时，梨状肌不再被拉长，疼痛反而减轻。直腿抬高加强试验阴性。梨状肌紧张试验阳性，即髋关节内旋、内收活动时疼痛加重。

（三）养生功锻炼

梨状肌综合征患者可进行“顺逆摇髋”式锻炼，具体操作方法见静功按摩十八式中第三式，每日 3 ~ 5 次，每次 15 分钟，中间休息 1 ~ 2 分钟（根据个人身体状况而定）。“顺逆摇髋”式能够充分锻炼并加强髋关节周围的肌肉如臀大肌、臀中肌等的力量。这些肌肉与梨状肌协同工作，共同维持髋关节的稳定性和功能。同时还可提高髋关节的灵活性和活动度，帮助改善梨状肌综合征导致的梨状肌紧张、痉挛的状态及髋关节活动受限，从而减轻臀部疼痛和下肢放射性疼痛。

（四）预防与调护

日常增强髋关节锻炼及臀大肌肌肉锻炼，如“空蹬自行车”，以减少肌肉萎缩，促进血液循环。急性期疼痛严重者应卧床休息，将伤肢保持在外旋、外展位，避免髋关节的旋转动作，使梨状肌处于松弛状态。

十七、大转子滑囊炎

（一）概述

大转子滑囊炎是由于臀大肌与股骨大转子长期反复的互相摩擦而发生，为慢性无菌性炎症，是临床比较多见的疾病。其主要临床表现是大腿外侧部疼痛，中医上归属于“痹证”范畴。中医认为本病是由过度劳累和经络系统损伤引起的，其特点为局部水分积聚、气血不通畅。治疗的主要目标是促进血液循环、消除肿胀和疼痛、驱散寒冷和毒素，以及排出体内湿气。

（二）疾病表现

大转子滑囊炎的主要临床症状包括以下两点。

（1）疼痛：通常休息后可以缓解，屈伸髋关节则症状加重；向患侧压迫时也可以诱发疼痛，有时有跛行。

（2）局部肿块：滑囊炎性渗出导致滑囊积液，积液增多后可引起滑囊内压力增加，外观呈肿块占位表现，且边界清晰，积液增多质地则会变硬。

（三）养生功锻炼

大转子滑囊炎的患者可以通过“力拔山岳”式来锻炼，具体操作方法见动功拳法四十六式中第二十式，每日 2 次，每次 20 分钟。“力拔山岳”式能充分锻炼臀、腿部肌肉，增强肌肉力量和关节稳定性，预防肌肉萎缩。同时可促进血液循环，增加滑囊的血液供应，加速炎症消失。

（四）预防与调护

（1）注意休息，尽量减少对局部的刺激，可适当进行按摩。

（2）避免受凉，坚持每天热水袋热敷。

（3）可适当外用一些活血化瘀的膏药或口服非甾体抗炎药等来缓解疼痛。

十八、骶髂关节错缝

（一）概述

骶髂关节的结构具有双重性。该关节一部分属于纤维连结，另一部分属于滑膜连结。骶粗隆与髂粗隆之间的缝隙被纤维所填充。承受压力、传递重力及缓冲支撑反作用力的主要是该关节的纤维部。本病多由突然滑倒单侧臀部着地，地面的反冲外力沿坐骨结节向上传导，上身重力向下冲击，二力集中在骶髂关节上，迫使髂骨向上、向内错移；或单下肢突然负重，使骶髂关节过度前后旋转，髂骨遭受向上、向内的外力引起错缝。

本病好发于青壮年女性，自诉下腰痛，走路、转身时疼痛加重，侧卧时患侧在上则舒服，在下或平卧则加重。

（二）疾病表现

（1）症状：下腰及臀底部疼痛，侧卧位置不对则疼痛加重。患者在站立、坐位、卧位时，均采取健侧负重，患侧不能负重。患侧膝、髋关节呈半屈曲位，被动伸直则疼痛加剧。

（2）体征：患侧骶髂关节可有肿胀，较健侧隆起，在髂后下棘的内下角处有压痛和叩击痛。下肢轴向叩击痛阳性。骨盆分离挤压试验阳性，骶髂关节“4”字试验阳性，下肢后伸试验阳性，单足站立试验阳性。

（3）影像学检查：X 线检查多数显示正常，部分患者可见患侧间隙增宽，关节面排列紊乱。晚期患者可见关节边缘骨质增生或骨密度增高。CT 诊断可见明显关节面不对称。

（三）养生功锻炼

骶髂关节错缝患者可以通过“跨马兜风”式来锻炼，具体操作方法见动功拳法四十六式中第二十一式，每日 2 次，每次 20 分钟。“跨马兜风”式可以拉伸骶髂关节部位的肌肉，促进局部血液循环，在一定程度上可改善骶髂关节错缝引起的相关症状。

（四）预防与调护

本病一般由外伤引起，故应养成良好的生活习惯，保持正确的坐姿、站姿等以预防本病的发生，正确诊断并给予及时的治疗，本病一般预后较好。

十九、膝骨关节炎

（一）概述

膝骨关节炎是以肝肾不足、气滞血瘀、寒湿痹阻为主导致的临床常见的骨关节病之一。随着人口老龄化的进程，其发病率呈逐渐上升趋势，严重影响老年人的生活质量和活动能力，越来越引起人们的重视。并且在所有骨关节病中，需要进行治疗，特别是采取外科手段干预的比例，以膝骨关节炎最高。

（二）疾病表现

1. 临床表现　早期可出现疼痛和关节僵硬，后期可出现关节功能障碍或关节畸形。该病起病缓慢，初起疼痛较轻，以髌骨下疼痛最为常见，劳累或受凉后加重，尤其以上、下楼梯或下蹲时明显，休息后缓解。同时，伴随关节僵硬，活动片刻后减轻，活动过多又加重。随着病情的发展，疼痛会越来越明显，关节屈伸活动时常有摩擦音或弹响，后期关节周围组织挛缩、骨赘形成，可见关节肿大，活动范围越来越小，甚至固定于某一屈曲位置或内、外翻畸形。

2. 诊察要点　浮髌试验、髌骨研磨试验、内翻与外翻应力试验多为阳性，关节间隙常有压痛，尤其以膝内侧压痛更为明显剧烈。X线片常无明显异常表现，以后可见关节内、外侧间隙非对称性狭窄，关节边缘及关节内增生和骨赘形成，胫骨髁间嵴尖锐，有时可见关节游离体。晚期甚至可见关节内、外翻畸形或半脱位。

（三）养生功锻炼

膝骨关节炎的患者可进行“双膝开合”式锻炼，具体操作方法见静功按摩十八式中第二式，每日 3 ～ 5 次，每次 15 分钟，中间休息 1 ～ 2 分钟（根据个人身体状况而定）。该式呈半蹲状态，不仅可以增强股四头肌及股直肌的力量，提高下肢的稳定性和平衡能力，还可以缓解关节僵硬、提高关节活动度，改善关节活动受限。

（四）预防与调护

（1）日常生活中适当加强关节周围肌肉和韧带的有氧锻炼，如游泳、骑自行车、散步。

（2）加强关节功能训练，在非负重位下进行关节屈伸活动，以保持关节最大活动度。

（3）忌登山、爬楼梯及深蹲活动，因爬楼梯时膝关节承受的压力是人体自身重量的 3 倍左右。

（4）疼痛严重时，可采用手杖、拐杖、护膝等，以减少膝关节过度负重。存在轻度膝关节内、外翻畸形者，可佩戴相应矫形支具，起到一定的平衡关节面负荷的作用。

二十、髌骨软化症

（一）概述

髌骨软化症是指髌骨软骨面的关节软骨因急性创伤或慢性损伤发生变性而引起退行性变，出现的以膝部疼痛、活动不利为主要表现的骨关节病。本病好发于活动强度大的运动员及中年女性。

中医认为，本病多因患者素体肝肾亏虚、筋骨不利，复遭劳损或风、寒、湿邪侵袭，以致经络痹阻，故以疼痛为主。肝主筋，肾主骨，筋骨失去濡养，故其症状表现为患膝疼痛，酸软乏力，行走不利。

（二）疾病表现

1. 临床表现　本病女性多见，患者多有膝关节半蹲发力过劳史或外伤史。早期仅有“膝软”，上、下楼梯无力；后期逐渐出现髌骨深面间歇性疼痛，屈膝久坐、下跪或下蹲动作时加重，上、下楼梯及关节活动时疼痛明显。

2. 诊察要点　膝部无明显肿胀，髌骨压痛，关节腔少量积液，股四头肌有轻度萎缩，髌骨研磨试验阳性。X 线检查膝关节侧位及切线位，早期都无变化，晚期可见关节面骨质硬化，髌骨关节间隙狭窄，关节面边缘骨赘形成。MRI 检查可明确诊断。

（三）养生功锻炼

髌骨软化症患者可以通过“搂膝冲掌”式来锻炼，具体操作方法见动功拳法四十六式中第十八式，每日 1 次，每次 30 分钟。“搂膝冲掌”式可改善局部血液循环，以减轻疼痛并提高关节活动度。此外，经常锻炼此式还有助于调整身体的平衡和重心，有益于改善步态和姿势，减少因髌骨软化症引发的不稳定性。

（四）预防与调护

（1）平时要减少膝关节剧烈的反复屈伸活动。动作症状明显时，要减轻劳动强度，减少运动量，膝关节屈伸动作要缓慢，尤其要避免半蹲位。

（2）注意膝部的保暖，勿受风寒。

二十一、髌周滑囊炎

（一）概述

髌周滑囊炎是指髌骨周围滑囊受到外力损伤或长期慢性刺激出现的以滑液增多、滑膜囊肿大，并引起局部疼痛为主要表现的一种疾患。

髌前部滑囊炎多为皮下滑囊炎，位置相对较表浅，常由于局部反复摩擦、挤压、碰撞等因素引起，多见于长时间跪地工作或洗衣服的女性，也可因急性损伤或关节内及周围感染而诱发。髌下滑囊炎多见于髌下深滑囊炎，常因运动创伤引起。

急性滑囊炎常因创伤或感染而发病，积液多为血性与脓性。慢性滑囊炎多与从事的职业有关，以长期慢性刺激为主。

（二）疾病表现

1. 临床表现　有明确的外伤史或长期慢性劳损史。髌前部滑囊炎主要表现为髌前疼痛及肿胀、压痛轻微、波动征阳性，髌骨和膝关节受限不明显。髌下滑囊炎主要表现为半蹲位疼痛，髌韧带深部压痛，局部肿胀，可见髌韧带两侧生理凹陷消失或凸起，膝关节屈伸活动受限。

2. 诊察要点　X线检查对本病诊断无太大帮助，可用于排除髌骨及膝关节的结核性及感染性疾病。MRI检查有助于明确病变部位及程度。滑囊穿刺液为淡红色或棕黄色滑液，培养无细菌生长。若合并感染，血常规检查可有白细胞、中性粒细胞计数偏高。

（三）养生功锻炼

髌周滑囊炎的患者可以通过“抱膝蹬脚”式来锻炼，具体操作方法见动功拳法四十六式中第三十一式，每日2次，每次20分钟。“抱膝蹬脚”式一方面可以增加筋膜、肌腱、肌肉、韧带、关节囊部位的柔韧性；另一方面，可以舒筋活络，通利关节。

（四）预防与调护

（1）平时应注意休息和膝部保暖。

（2）避免长时间跪姿和对髌骨前的摩擦。

（3）适当使用护膝。

（4）保持健康体重。

二十二、跖筋膜炎

（一）概述

跖筋膜炎（属于中医“筋伤”“跟痛症”范畴）是指跟骨跖面由慢性损伤引起的以疼痛、行走困难为主的病症，常伴有跟骨结节部前缘骨质增生。本病常由于突然长途行走或长时间站立劳动，或足跟损伤后周围软组织的炎症反应，或鞋底过硬等原因诱发，好发于 40 ~ 60 岁的中老年人。

（二）疾病表现

1. 临床表现　起病缓慢，多为一侧发病，可有数月或数年的病史。足跟部疼痛，行走加重。典型者晨起后站立或久坐起身站立时足跟部疼痛剧烈，行走片刻后疼痛减轻，但行走或站立过久疼痛又加重。

2. 诊察要点　跟骨的跖面和侧面有压痛，局部无明显肿胀。若跟骨骨质增生较大，可触及骨性隆起。X 线检查多数见有骨质增生，但临床表现常与 X 线征象不成正比，部分患者有骨质增生但无症状，而有的患者有症状但无明显骨质增生。

（三）养生功锻炼

对于跖筋膜炎患者，可以通过“伏虎崩脚”来锻炼，具体操作见动功拳法四十六式中第四十四式，每日 2 次，每次 20 分钟。通过伸展和活动足部相关的肌肉、筋膜，以帮助放松紧张的跖筋膜，促进足部的血液循环，有助于受损组织的修复。

（四）预防与调护

（1）平时要定期进行足部肌肉锻炼，增强足部肌肉力量。

（2）注意控制运动量，避免足部过度疲劳，运动前后要对足部进行简单的活动和拉伸，以缓解肌肉紧张。

（3）选择舒适、尺码合适的鞋子，避免过紧或过松。

二十三、视疲劳

（一）概述

视疲劳也称为眼疲劳，是一种常见的眼科疾病。其主要原因是长时间近距离视物或过度使用电子产品，导致眼睛长时间处于紧张状态，眨眼次数减少，眼腺分泌泪液相应减少，同时屏幕闪烁对眼睛产生强烈刺激。近年来，随着电子设备的普及和工作压力的增大，视疲劳的发病率呈上升趋势，已经成为影响现代人眼健康的重要问题。

（二）疾病表现

视疲劳的临床表现多样，主要包括眼睛干涩、痒感、视物模糊、畏光、流泪、眼睛胀痛、眼部充血等症状。严重的患者还可能出现头晕、精神萎靡、注意力不集中等现象。

（三）养生功锻炼

视疲劳的患者可进行“擦揉双目”式锻炼，具体操作见静功按摩十八式中第十三式，每日进行5～7个循环，中间休息1～2分钟（根据个人身体状况而定）。此式在操作过程中，要适当用力，使眼部产生一定的热感，以有效促进眼睛周围的血液循环。

此外，“擦揉双目”式还可对眼睛周围穴位产生一定的刺激，从而放松眼部肌肉，缓解眼部疲劳。

（四）预防与调护

预防视疲劳，关键在于养成良好的用眼习惯。

（1）应避免长时间近距离视物，每隔一段时间让眼睛休息片刻，眺望远方或闭眼休息。

（2）使用电子产品时，应保持适当的距离和角度，并适当调节屏幕亮度和对比度。

（3）保证充足的睡眠和均衡的饮食也有助于缓解视疲劳。

二十四、神经性耳鸣

（一）概述

神经性耳鸣即感音神经性耳鸣，是一种主观感受异常声音的疾病。它源于耳蜗、听神经或中枢听觉通路的病变，使患者在无外界刺激下产生耳鸣感，如蝉鸣、嗡嗡声等。其病因复杂，可能与噪声污染、耳部疾病、颈椎病、高血压等多种因素有关。近年来，随着生活节奏的加快和环境污染的加剧，神经性耳鸣的发病率逐年上升，严重影响了患者的日常生活和工作。

（二）疾病表现

神经性耳鸣的临床表现多种多样，轻者仅在安静环境下感到耳鸣，重者则耳鸣持续不断，甚至影响听力。耳鸣的响度和音调各异，有的如蝉鸣，有的似风声。值得注意的是，部分患者在耳鸣的同时，还可能伴有耳聋、眩晕、头痛等其他症状。

（三）养生功锻炼

神经性耳鸣的患者可进行“拉耳鸣鼓”式锻炼，具体操作方法见静功按摩十八式中第十四式，每日进行5～7个循环，中间休息1～2分钟（根据个人身体状况而定）。“拉耳鸣鼓”式能改善头部和颈部的血液循环，疏通经络，调整呼吸和放松身体，从而缓解耳鸣症状。

（四）预防与调护

（1）保持作息规律，避免熬夜和过度劳累。

（2）饮食宜清淡，多摄入富含维生素和矿物质的食物。

（3）避免长时间接触噪声，如佩戴耳塞或降低音量。

（4）注意个人卫生，避免耳部感染。

（5）放松心情、减轻压力也至关重要。患者应学会自我调节情绪，避免过度紧张和焦虑。

二十五、牙龈退缩

（一）概述

牙龈退缩是指牙龈边缘向牙根方向退缩，导致牙根暴露。其病因多样，包括刷牙方式不当、牙周炎、牙齿排列不齐等。近年来，随着口腔健康知识的普及，人们对牙龈健康的关注度日益提高，但牙龈退缩的发病率仍居高不下，成为影响口腔健康的重要问题。

（二）疾病表现

牙龈退缩的主要临床表现是牙龈边缘逐渐后退，露出部分牙根，牙齿看起来变长。患者可能伴有牙齿敏感、疼痛等症状。牙龈退缩不仅影响美观，还可能导致牙齿松动、脱落，需给予足够重视。

（三）养生功锻炼

牙龈退缩的患者可进行“左右叩齿”式锻炼，具体操作方法见静功按摩十八式中第十二式，每日进行 5 ～ 7 个循环，中间休息 1 ～ 2 分钟（根据个人身体状况而定）。“左右叩齿”式可以刺激口腔内的血液循环，增加牙齿和牙龈的供血、供氧。叩齿可增加牙齿的弹性和坚固度，以减少牙齿松动的风险；同时叩齿还可以刺激唾液腺分泌唾液，而唾液具有润滑口腔、清洁牙齿和杀菌消炎的作用，有助于改善口腔环境，在一定程度上可缓解牙龈退缩的症状。

（四）预防与调护

（1）日常生活中应注意保持口腔卫生，采用正确的刷牙方式，避免使用硬毛牙刷和过度用力刷牙。

（2）饮食方面，应减少酸性食物的摄入，以免刺激牙龈。

（3）定期进行口腔检查，及时发现并处理口腔问题。

二十六、消化不良

（一）概述

消化不良主要由胃肠动力功能障碍引起，涉及胃蠕动不佳的胃轻瘫和食管反流病等病症。病因多样，可能与不良的饮食习惯、情绪波动、过度疲劳等因素有关。近年来，随着生活节奏的加快，消化不良的发病率呈上升趋势，给患者的日常生活带来了一定的困扰。

（二）疾病表现

消化不良的典型症状包括断断续续的上腹部不适或疼痛、饱胀感、烧心（反酸）、嗳气等。患者可能因这些症状而不愿进食或尽量减少进食，导致营养不良。根据症状的不同，消化不良可分为器质性消化不良、功能性消化不良和特殊类型消化不良。

（三）养生功锻炼

消化不良的患者可以通过“风气旋涡”式来锻炼，具体操作方法见动功拳法四十六式中第五式，每日 2 次，每次 10 ~ 15 分钟。“风气旋涡”式可以刺激胃肠道，促进胃肠道蠕动及腹部血液运行，从而减轻消化不良的症状。

（四）预防与调护

（1）避免过饥、过饱，保持少食多餐的饮食习惯；忌食过酸、过辣等刺激性及生冷、不易消化的食物。

（2）保持情绪稳定，避免过度波动。

（3）戒烟、忌酒。

此外，进食时注意细嚼慢咽，使食物在口腔内与唾液充分混合，以利于消化。已出现消化不良的患者应在医生指导下合理用药，并遵循上述防护要点，以利于早日康复。

二十七、便秘

（一）概述

便秘是以大便排出困难、排便周期延长或周期不长，但粪质干结，排出艰难，或粪质不硬，虽频有便意，但排便不畅为主要表现的病症。西医中的功能性便秘、肠易激综合征、肠炎恢复期之便秘、药物性便秘、内分泌及代谢性疾病所致的便秘均属本病范畴。

（二）疾病表现

排便次数每周少于 3 次；或周期不长，但粪便干硬，排便困难；或粪质不硬，虽频有便意，但排便不畅。

（三）养生功锻炼

便秘患者可以通过“左顾右盼”式来锻炼，具体操作见动功拳法四十六式中第二十八式，每日 2 次，每次 20 分钟。通过转动身体，增强腰、腹、盆腔肌肉力量，促进胃肠蠕动，从而改善便秘。

（四）预防与调护

（1）注意饮食调理，合理膳食，以清淡为主，避免过食辛辣厚味或饮酒无度，勿过食寒凉生冷，多吃粗粮果蔬，多饮水。

（2）避免久坐少动，宜多活动，以疏通气血。

（3）养成定时排便的习惯。

（4）避免过度精神刺激，保持心情舒畅。

（5）便秘不可滥用泻药，若使用不当，反而加重便秘。

二十八、神经衰弱

（一）概述

神经衰弱是一种功能性疾病，主要表现为精神易兴奋、脑力易疲劳，并伴有情绪障碍、睡眠障碍等。其病因复杂，常与长期的精神紧张、压力过大、作息不规律等因素有关。近年来，随着生活节奏的加快，神经衰弱的发病率呈上升趋势，已成为影响现代人健康的重要问题。

（二）疾病表现

神经衰弱患者常表现为记忆力减退、注意力不集中、思维迟缓等症状。同时，还可能伴有头痛、失眠、多梦等身体不适。诊察时，医生会根据患者的症状和体征，结合心理评估等手段进行诊断。治疗时，除了药物治疗外，心理调适和生活方式调整也至关重要。

（三）养生功锻炼

神经衰弱的患者可进行“双手浴面”式锻炼，具体操作见静功按摩十八式中第十一式，每日进行5～7个循环，中间休息1～2分钟（根据个人身体状况而定）。“双手浴面”式有调和气血、舒缓压力、调整阴阳平衡的作用，可以帮助患者放松身心，缓解紧张、焦虑情绪。

（四）预防与调护

（1）日常生活中应注意保持良好的作息习惯，避免熬夜和过度劳累。

（2）饮食方面应均衡营养，避免过度摄入刺激性食物和饮料。

（3）学会调整心态，保持积极乐观的情绪，避免过度焦虑和压力过大。

（4）定期进行体检和心理咨询，有助于及时发现并处理潜在的健康问题。

二十九、更年期综合征

（一）概述

更年期综合征又称为围绝经期综合征，是妇女在围绝经期或绝经一段时间后，因机体的雌激素水平变化而引起的以自主神经功能紊乱为主的症候群。本病在中医上属于“绝经前后诸证”的范畴。肾虚为致病之本，肾的阴阳平衡失调，又导致心、肝、脾等多脏的病理改变，多脏同病为更年期综合征的特点，从而使本病出现复杂多样的临床表现。

（二）疾病表现

1. 临床表现

（1）月经紊乱：是更年期妇女最普遍、最突出的表现。月经经常延迟，甚至几个月才来潮一次，经量也逐渐减少。当雌激素越来越少，已不能引起子宫内膜变化时，月经就停止了，称为绝经。

（2）阵热潮红：是更年期的主要特征之一，部分妇女在更年期内由于雌激素的水平下降，血钙水平也有所下降，会有一阵阵地发热、脸红、出汗，伴有头晕、心慌，持续时间为一两分钟或 12 ~ 15 分钟。

（3）心血管及脂代谢障碍：可能会出现冠心病、糖尿病。

（4）神经、精神障碍：可能有情绪不稳定、易激动、性格变化、记忆力减退等。

（5）运动系统退化：出现腰、背、四肢疼痛，部分妇女出现肩周炎、颈椎病。

2. 诊察要点

（1）本病多见于 45 ~ 50 岁妇女或人工绝经的妇女。

（2）出现月经紊乱、血管舒缩功能失调、精神神经症状（如忧郁、烦躁、失眠等）、关节痛等一系列表现。

（3）实验室检查：①阴道脱落细胞学检查显示雌激素水平偏低。②血雌二醇水平下降，促性腺激素水平升高，且 FSH/LH ＞ 1。③骨密度下降。

（4）排除其他有相应临床表现的器质性病变。

（三）养生功锻炼

更年期综合征的患者可以使用“力劈华山”式锻炼，具体操作方法见动功拳法四十六式中第六式，每日 3 次，每次 30 分钟。“力劈华山”式，全身之气，聚集于手，手放于右脐部，肝脏所在位置，随之右手顺势向下切割。该式将全身之气集于手并向下释放，由此来调畅全身气机，使肝气得到疏泄；改善身体协调性和平衡性，增强心肺功能，促进血液循环；手足并用，畅通全身经络，肝、胆经也得到刺激。中医认为，肝主情志，胆主决断，肝胆是影响情志的关键因素，两者得以疏泄，则心情舒畅、压力得以缓解、睡眠质量得到改善。因此锻炼该式对于情志因素引起的女性更年期综合征有一定的效果。

（四）预防与调护

建议养成健康的生活方式，包括坚持锻炼身体、健康饮食、增加日晒时间、摄入足量蛋白质及含钙丰富的食物等。

三十、焦虑症

（一）概述

焦虑症是以广泛、持续性焦虑或反复发作的惊恐不安为主要特征的神经症性障碍，常伴有自主神经症状和运动性紧张。女性患病率明显高于男性。根据临床表现，将其归属于中医的“心悸”“郁证”范畴。

（二）疾病表现

本病主要表现为强烈、过度和持续的担忧和恐惧或紧张不安，伴随心率加快、睡眠困难、肠道问题等。患者行为上可能出现坐立不安，四肢轻微震颤，肌肉紧张抽动，运动僵硬，气促，窒息感等。

（三）养生功锻炼

焦虑症的患者可以通过“火龙探爪”式来锻炼，具体操作方法见动功拳法四十六式中第二十二式，每日 2 次，每次 20 分钟。“双手探爪”式，意念集中于手指，通过集中精神，将呼吸与身体的动作结合起来，可以达到调和人体阴阳、舒缓肌肉紧张、平稳情绪的效果；还可以通过调整呼吸深度和节律，改善大脑皮质的活跃程度，从而达到缓解焦虑状态的目的。

（四）预防与调护

（1）养成良好的睡眠、饮食和运动习惯。增强身体抵抗力，减轻精神压力，防止焦虑症的发生。

（2）关注可能引发焦虑的不利因素，如减少童年或者青少年时期的不良心理刺激等。

（3）在经历了精神或者身体创伤以后，应及时向心理医生进行心理咨询和治疗，预防由创伤导致的焦虑症。

（4）学习处理压力的技巧，进行瑜伽或者冥想训练等，预防由压力导致的焦虑症。

三十一、失眠

（一）概述

失眠是指难以入睡或难以维持睡眠，导致睡眠质量低下或睡眠时长不足的状态。其病因多样，可能涉及心理、生理、环境等多方面因素。随着生活节奏的加快，现代人面临着越来越大的压力，失眠问题日益凸显。长期失眠不仅影响个体的精神状态，还可能诱发一系列健康问题，如焦虑、抑郁、记忆力减退等。

（二）疾病表现

失眠患者通常表现为入睡困难、睡眠浅、易醒、早醒等症状。

这些症状可能导致患者白天疲劳、注意力不集中、情绪低落等。

（三）养生功锻炼

失眠的患者可以通过“经脉按摩”式锻炼，具体操作方法见静功按摩十八式中第十七式，每日进行 5 ~ 7 个循环，中间休息 1 ~ 2 分钟（根据个人身体状况而定）。“经脉按摩”式能充分促进全身十二经脉气血流通。中医认为，失眠往往与人体阴阳失衡有关。通过全身经络按摩，可以刺激特定的穴位和经络，促进气血流通，调节阴阳平衡，从而改善失眠症状。例如，刺激上肢手少阴心经的神门穴、少冲穴等，可以直接作用于心脏，起到宁心除烦、安神定志的作用。此外，该式通过按摩头部还可以促进大脑神经功能的调节，使大脑皮层得到放松和休息，提高睡眠深度和睡眠效率。

（四）预防与调护

（1）保持规律的作息时间，避免熬夜。

（2）营造舒适的睡眠环境，减少噪声和光线干扰。

（3）饮食宜清淡，避免过度摄入咖啡因和酒精等刺激性物质。

（4）适当进行锻炼，保持身心愉悦。

参考文献

［1］黄桂成，王拥军．中医骨伤科学：新世纪第五版［M］．北京：中国中医药出版社，2021.

［2］黄桂成．中医筋伤学［M］．北京：中国中医药出版社，2016.

［3］张伯礼，吴勉华．中医内科学：新世纪第四版［M］．北京：中国中医药出版社，2017.

［4］彭清华．中医眼科学［M］．北京：中国中医药出版社，2021.

［5］葛均波，徐永健，王辰．内科学［M］．9版．北京：人民卫生出版社，2018.

［6］陈孝平，汪建平，赵继宗．外科学［M］．9版．北京：人民卫生出版社，2018.

［7］吕明，吕艳明，张光明，等．太极桩功锻炼对于失眠的疗效观察［J］．吉林中医药，2017，37（4）：367-369.

［8］柳爱莲，陆碧琼，郑英英．八段锦对大学生睡眠和体质干预的探讨［J］．河南大学学报（医学版），2012，31（4）：286-289.

［9］许丽绵，欧阳惠卿，卢如玲．更年期综合征病因病机及其证治述要［J］．中医药学刊，2003（9）：1550-1552.

［10］李雅彦，赵利华．更年期综合征体质研究及防治概况［J］．亚太传统医药，2015，11（19）：91-93.